Les cahiers d'**exercices**

Espéranto

Débutants

Henrri-Sébastien Erhard

À propos de ce cahier

Ce cahier ne requiert aucune connaissance préalable de la langue internationale espéranto. Il ne demande pas non plus, pour son utilisation, l'aide d'un dictionnaire ou d'un autre support. Il part de zéro et vous propose, outre 168 exercices variés et ludiques, d'acquérir les bases de cette langue : prononciation, grammaire, conjugaison, syntaxe. Il s'appuie aussi sur une découverte organisée du lexique : des « boîtes à mots » vous offrent ainsi plus de 400 termes usuels, qui vous permettront, à travers les différentes activités, de comprendre des textes ou des conversations et aussi de construire vos propres phrases en espéranto.

En effet, l'approche de cette langue vous sera d'autant plus simplifiée qu'il s'agit d'une langue qui a été conçue pour être apprise le plus facilement possible, en évitant exceptions et irrégularités. Vous pourrez ainsi vous rendre compte au fil des chapitres que l'on peut exprimer beaucoup de nuances en espéranto avec pourtant un minimum d'éléments à apprendre. Et le tableau récapitulatif en annexe vous donnera une vision globale de sa grammaire très synthétique.

Enfin, nous vous proposons d'effectuer votre autoévaluation : après chaque exercice, dessinez l'expression de vos icônes (☺ pour une majorité de bonnes réponses, 😐 pour environ la moitié et ☹ pour moins de la moitié). À la fin de chaque chapitre, reportez le nombre d'icônes relatives à tous les exercices et, en fin d'ouvrage, faites les comptes en reportant les icônes des fins de chapitre dans le tableau général prévu à cet effet.

Sommaire

1. Prononcer l'espéranto et se présenter 3
2. Reconnaître les mots grâce à leur « carte d'identité » 10
3. Pouvoir conjuguer tous les verbes 18
4. Conjuguer à tous les temps 27
5. Indiquer l'objet de l'action grâce à l'accusatif 35
6. Utiliser l'accusatif en d'autres circonstances 44
7. Former la négation 53
8. Poser des questions 59
9. Compter jusqu'à l'infini 67
10. Décrire et comparer avec les adjectifs 76
11. Indiquer les circonstances avec les adverbes 84
12. Construire les mots comme du Lego® 91
13. Relier les mots et les phrases à l'aide des prépositions et des conjonctions 100
14. Faire le point sur les « 45 mots logiques » 107
Résumé grammatical 115
Jeu royal de mémoire 119
Solutions 121
Tableau d'autoévaluation 128

1
Prononcer l'espéranto et se présenter

Les lettres et les sons

- En espéranto, toutes les lettres se prononcent et chaque lettre se prononce toujours de la même façon. Ainsi, 1 lettre = 1 son, sans exception.

- L'espéranto utilise 28 lettres de l'alphabet latin : certaines lettres n'existent pas (Q, W, X, Y) ; en revanche, il y a quelques lettres avec des accents inhabituels pour les francophones (Ĉ, Ĝ, Ĥ, Ĵ, Ŝ et Ŭ).

- Les lettres qui se prononcent différemment du français sont les suivantes :

Lettre	Prononciation	Exemple avec transcription et traduction
c	comme le *ts* de *tsar*	**caro** [tsaRo], *un tsar*
ĉ	comme le *tch* de *tchèque*	**ĉevalo** [tchèvalo], *un cheval*
e	toujours prononcé *è* comme dans *père*	**evidente** [èvidènntè], *évidemment*
g	toujours comme le *gu* de *guitare* (jamais comme le son *j* de *girafe*)	**gitaro** [guitaRo], *une guitare*
ĝ	comme le *dj* de *adjudant*	**ĝirafo** [djiRafo], *une girafe*
h	toujours aspiré comme en anglais *happy*	**horo** [HoRo], *l'heure*
ĥ	*rh* très guttural comme la *jota* en espagnol ou le *Ach* en allemand	**ĥemio** [rHèmio], *la chimie*
j	comme le *y* de *yoga*	**jes** [yèss], *oui*
ĵ	comme le *j* de *journal*	**ĵurnalo** [jouRnalo], *un journal*
r	roulé comme en espagnol ou en italien	**rozo** [Rozo], *une rose* (fleur)
s	toujours comme le *ss* de *tasse* (jamais comme le son *z* de *vase*)	**taso** [tasso], *une tasse*
ŝ	comme le *ch* de *chaussure*	**ŝuo** [chou-o], *une chaussure*
t	toujours comme le *t* de *table* (jamais comme le son *ss* de *nation*)	**tio** [ti-o], *cela*

CHAPITRE 1 : PRONONCER L'ESPÉRANTO ET SE PRÉSENTER

Lettre	Prononciation	Exemple avec transcription et traduction
u	comme le *ou* de *ours*	**urso** [ouRso], *un ours*
ŭ	comme le *w* de *waouh* ou *oui* (placé généralement après un **a** ou un **e** formant le même son qu'à la fin de *miaou*)	**aŭto** [awto], *une automobile*

1 Complétez les lettres manquantes de ces mots météorologiques à partir de leur transcription phonétique.

a. s _ no [souno], *le soleil*

b. gla _ _ o [glatsio], *de la glace*

c. _ a _ lo [Haylo], *de la grêle*

d. _ i _ la _ ko [tchièlaRko], *un arc-en-ciel*

e. n _ _ o _ to _ mo [nèdjochtoRmo], *une tempête de neige*

f. pl _ va _ [plouvass], *il pleut*

2 Voici les noms des cinq principaux continents. Donnez leur transcription entre crochets.

a. Ameriko [……………………]   d. Azio   [……………………]

b. Afriko   [……………………]   e. Oceanio [……………………]

c. Eŭropo [……………………]

3 Voici un petit dialogue d'une rencontre entre deux personnages étourdis qui ont oublié leurs chapeaux. Remettez donc les chapeaux (accents circonflexes ou l'accent à l'envers) aux lettres qui en ont besoin, en vous aidant de la transcription phonétique. Puis entraînez-vous à lire ce dialogue.

a. – Saluton, Sinjorino Sanova. Kia gojo revidi vin! Cu vi fartas bone?
[saloutonn, sinnyoRinno chanova. kia djoyo Rèvidi vinn! tchou vi faRtass bonè?]

→ *Bonjour, Madame Shanova. Quelle joie de vous revoir ! Est-ce que vous allez bien ?*

CHAPITRE 1 : PRONONCER L'ESPÉRANTO ET SE PRÉSENTER

b. – Jes, ec tre bone! Dankon, Sinjoro Arcibaldo. Tamen sajnas al mi, ke vi forgesis ion. Sed kion? Cu vian jurnalon?
[yèss, ètch tRè bonè! dannkonn, sinnyoRo aRtchibaldo. tamènn chaynass al mi, kè vi foRguèssiss ionn. sèd kionn? tchou viann jouRnalonn?]
→ *Oui, très bien même ! Merci, Monsieur Archibald. Cependant, il me semble que vous avez oublié quelque chose. Mais quoi ? Votre journal ?*

c. – Ne mian jurnalon, sed mian capelon forgesis mi.
[nè miann jouRnalonn, sèd miann tchapèlon foRguèssiss mi.]
→ *Ce n'est pas mon journal, mais mon chapeau que j'ai oublié.*

d. – Ah! Sed ankau mi forgesis gin hejme! Kia soko!
[arH! sèd annkaw mi foRguèssiss djinn Hèymè! kia choko!]
→ *Ah ! Mais moi aussi je l'ai oublié à la maison ! Quel choc !*

e. – Ne gravas, vi retrovos gin. Gis baldau!
[nè gRavass, vi RètRovoss djinn. djiss baldaw!]
→ *Ce n'est pas grave, vous le retrouverez. À bientôt !*

L'alphabet de l'espéranto

Pour épeler ou réciter l'alphabet, on prononce les consonnes suivies du son **o**.

A [a]	D [do]	Ĝ [djo]	J [yo]	M [mo]	R [Ro]	U [ou]
B [bo]	E [è]	H [Ho]	Ĵ [jo]	N [no]	S [so]	Ŭ [wo]
C [tso]	F [fo]	Ĥ [rHo]	K [ko]	O [o]	Ŝ [cho]	V [vo]
Ĉ [tcho]	G [go]	I [i]	L [lo]	P [po]	T [to]	Z [zo]

 4 Épelez en espéranto les noms de pays suivants, lettre par lettre.

Exemple : **Ĉeĥio**, *Tchéquie* → ĉo, e, ĥo, i, o

a. **Rusio**, *Russie* → ....
b. **Kanado**, *Canada* → ....
c. **Maroko**, *Maroc* → ....
d. **Alĝerio**, *Algérie* → ....
e. **Hispanio**, *Espagne* → ....

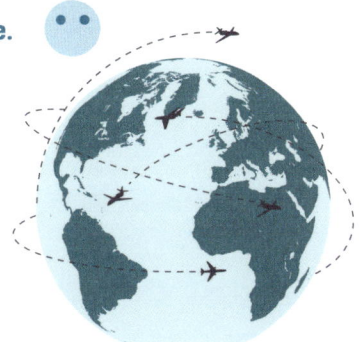

CHAPITRE 1 : PRONONCER L'ESPÉRANTO ET SE PRÉSENTER

5 Reliez les lettres du mot qui signifie « originalité » pour obtenir une forme qui sert souvent d'emblème à l'espéranto (parce qu'elle représente les cinq continents).

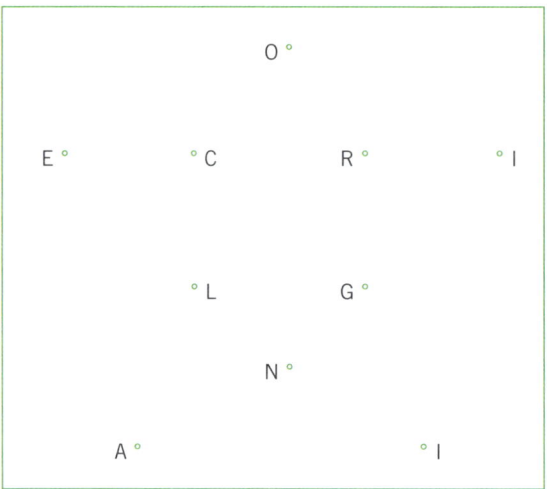

Forme obtenue
(indice : **so**, **to**, **e**, **lo**, **o**)

→ _ _ _ _ _

Traduction

→ ....

La prononciation et les syllabes

- L'écriture de l'espéranto est entièrement phonétique : il faut donc faire attention à bien prononcer toutes les lettres séparément et à bien détacher les différentes syllabes.
Exemple : **soifo**, *soif* se prononce en trois syllabes [so-i-fo].

- Il n'y a pas de lettres muettes, donc les **e** finaux se prononcent toujours.
Exemple : **bone**, *bien* se prononce [bo-nè].

- Il n'y a pas de voyelles nasales (an, on, in, em, im...) contrairement au français. Les lettres **n** et **m** se prononcent donc toujours séparément.
Exemple : **bonan vesperon**, *bonne soirée* se lit [bo-nann vèss-pè-Ronn].

- Lorsque certains mots (principalement des mots composés) ont des doubles consonnes, il faut les lire distinctement, dans deux syllabes différentes.
Exemple : **littuko**, *drap de lit* se lit [litt-tou-ko].

  - Les groupes de lettres **aŭ** et **eŭ** se lisent en une seule syllabe.
  Exemple : **baldaŭ**, *bientôt* se lit [bal-daw] (deux syllabes) ; tandis que **balau**, *balayez* se lit [ba-la-ou] (trois syllabes).

  - Les groupes de lettres formés de **i** suivi d'une autre voyelle se prononcent en deux syllabes distinctes.
  Exemple : **iam**, *un jour* se lit [i-amm] (deux syllabes) ; tandis que **jam**, *déjà* se lit [yamm] (une syllabe).

CHAPITRE 1 : PRONONCER L'ESPÉRANTO ET SE PRÉSENTER

6 Voici des noms de pays. Essayez de les prononcer à voix haute et donnez leur transcription phonétique en séparant bien les syllabes (comme dans l'exemple).

Exemple : **Francio**, *France* ➜ [*fRann-tsi-o*]

a. **Pollando**, *Pologne* ➜ [..]

b. **Svislando**, *Suisse* ➜ [..]

c. **Finnio**, *Finlande* ➜ [..]

d. **Belgio**, *Belgique* ➜ [..]

e. **Usono**, *États-Unis* ➜ [..]

f. **Aŭstralio**, *Australie* ➜ [..]

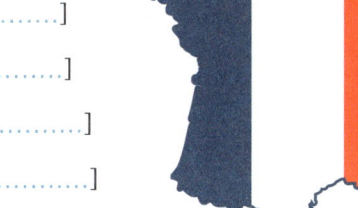

7 Entourez la transcription correcte de ces pays.

a. **Britio**, *Royaume-Uni* 1. [bri-ti-o] 2. [bRi-ti-o] 3. [bRi-tyo]

b. **Ĉinio**, *Chine* 1. [si-nyo] 2. [chi-ni-o] 3. [tchi-ni-o]

c. **Japanio**, *Japon* 1. [ya-pa-nyo] 2. [ja-pa-ni-o] 3. [ya-pa-ni-o]

d. **Egiptio**, *Égypte* 1. [è-jip-ti-o] 2. [è-guip-ti-o] 3. [è-djip-tyo]

e. **Ukrainio**, *Ukraine* 1. [ou-kRa-i-ni-o] 2. [ou-kRay-nyo] 3. [u-kRè-ni-o]

f. **Germanio**, *Allemagne* 1. [jèr-man-yo] 2. [djèR-ma-ni-o] 3. [guèR-ma-ni-o]

8 Cochez le nombre de syllabes de chaque mot.

	1 syllabe	2 syllabes	3 syllabes
a. **jes**, *oui*			
b. **vere**, *vraiment*			
c. **hieraŭ**, *hier*			
d. **ie**, *quelque part*			
e. **antaŭ**, *avant/devant*			
f. **hodiaŭ**, *aujourd'hui*			
g. **eble**, *peut-être*			

CHAPITRE 1 : PRONONCER L'ESPÉRANTO ET SE PRÉSENTER

L'accent tonique

Comme dans la plupart des langues, il y a un accent tonique en espéranto. En français, l'accent tonique tombe sur la dernière syllabe, mais en espéranto l'accent tonique sera plus marqué qu'en français et il portera toujours sur l'avant-dernière syllabe (pour les mots d'au moins deux syllabes). De ce fait, il faut faire bien attention à élever la voix sur cette avant-dernière syllabe.

Exemple : **elefanto**, élé<u>phant</u> se prononcera [èlè<u>FANN</u>to].

9. Lisez à voix haute les expressions suivantes, puis donnez leur transcription phonétique en soulignant les syllabes accentuées.

Exemple : **bonan tagon**, *bonjour* → [**bo-nann ta-gonn**]

a. **saluton**, *salut* → [.................................]

b. **bonan apetiton**, *bon appétit* → [.................................]

c. **je via sano**, *à votre santé* → [.................................]

d. **ĉio enordas**, *tout va bien* → [.................................]

e. **ĝis revido**, *au revoir* → [.................................]

f. **ĝis baldaŭ**, *à bientôt* → [.................................]

g. **adiaŭ**, *adieu* → [.................................]

10. Voici des expressions de politesse dont les lettres de chaque syllabe ont été mélangées, sauf celles de l'avant-dernière syllabe accentuée (notées en majuscules). Reconstituez ces mots en mettant les lettres dans le bon ordre (comme dans l'exemple).

Exemple : **asLUnto** → *salut* → **saluton**

a. **nobVEonn** → *bienvenue* → ....

b. **argTUnol** → *félicitations* → ....

c. **rapDOun** → *pardon* → ....

d. **nboVOul** → *veuillez bien* → ....

e. **BOann NOotnk** → *bonne nuit* → ....

CHAPITRE 1 : PRONONCER L'ESPÉRANTO ET SE PRÉSENTER

Se présenter

Kiel vi nomiĝas?	Comment vous appelez-vous ?	Mi loĝas en Parizo.	J'habite à Paris.
Mi nomiĝas…	Je me nomme…	Kiel vi fartas?	Comment allez-vous ?
Mia nomo estas…	Mon nom est…	bone	bien
Mi estas…	Je suis…	malbone	mal
El kie vi venas?	D'où venez-vous ?	dankon	merci
Mi venas el Francio.	Je viens de France.		

 Reliez chaque question à la réponse qui convient.

a. Kiel vi fartas? • • 1. Mi estas ruso.
b. Kiel vi nomiĝas? • • 2. Mi loĝas en Moskvo.
c. Kiu vi estas? • • 3. Mi venas el Rusio.
d. El kie vi venas? • • 4. Mi nomiĝas Petro.
e. Kie vi loĝas? • • 5. Bone, dankon.

 Complétez les mots croisés à l'aide des définitions.

a. Manière la plus fréquente de se saluer en espéranto pour dire « bonjour ».
b. Quand on se quitte à jamais.
c. Pour remercier.
d. Expression d'usage pour accueillir des personnes.
e. De plates excuses.

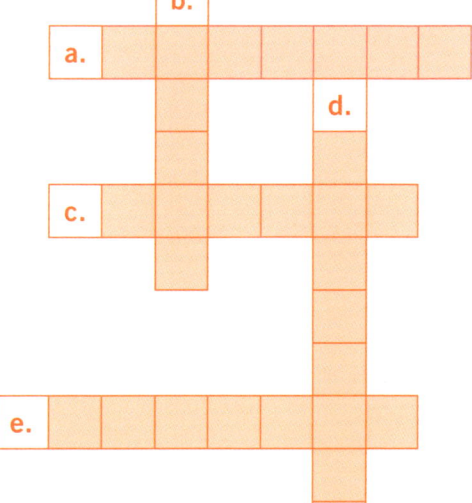

Bravo, vous êtes venu(e) à bout du chapitre 1 !
Il est maintenant temps de comptabiliser les icônes et de reporter le résultat en page 128 pour l'évaluation finale.

2
Reconnaître les mots grâce à leur « carte d'identité »

La « carte d'identité » des mots

En espéranto, les mots font preuve pour la plupart d'une grande transparence. Leur terminaison leur sert de « carte d'identité » car il suffit d'observer la ou les dernières lettres d'un mot pour tout de suite savoir à quelle classe grammaticale appartient ce mot (nom, adjectif, verbe, etc.), quelle est sa fonction (sujet ou COD), son nombre (singulier ou pluriel), et ce dès le premier coup d'œil, ou « coup d'oreille » car comme l'espéranto est entièrement phonétique, on entend toujours à l'oral les lettres à la fin des mots (il n'y a jamais de lettres muettes !).

❶ Voici des listes de mots très semblables au français. Traduisez-les en français, puis déterminez ce que les mots de chaque liste ont en commun. En observant leurs terminaisons, essayez de deviner la règle de grammaire qui correspond à ces mots.

a. dormi • manĝi • obteni • rakonti • viziti

→ Traductions : ....

→ Règle : ....

b. aŭtobuso • opinio • teatro • telefono • viando

→ Traductions : ....

→ Règle : ....

c. facila • forta • granda • rapida • speciala

→ Traductions : ....

→ Règle : ....

CHAPITRE 2 : RECONNAÎTRE LES MOTS GRÂCE À LEUR « CARTE D'IDENTITÉ »

Les classes grammaticales

- Les noms (mots désignant une chose ou un être vivant) se terminent toujours par un **-o**. Ex. : **pluvo**, *la pluie*
- Les adjectifs (qui qualifient un nom) finissent toujours par un **-a**. Ex. : **pluva**, *pluvieux*
- Les verbes à l'infinitif (qui indiquent une action ou un état) prendront toujours la terminaison **-i**. Les verbes prendront d'autres terminaisons quand ils sont conjugués. Ex. : **pluvi**, *pleuvoir*
- Les adverbes dérivés (l'équivalent des adverbes en *-ment* en français, qui apportent une précision sur un verbe) se terminent par un **-e**. Mais il existe aussi des adverbes qui peuvent se terminer par d'autres lettres (le plus souvent par **-aŭ** ou par une consonne). Ex. : **pluve**, *pluvieusement*

2 Indiquez la classe grammaticale de chaque mot en cochant la bonne case.

		1. Nom	2. Adjectif	3. Verbe	4. Adverbe
a.	kuiri				
b.	elektra				
c.	ĝardeno				
d.	muzike				
e.	dento				
f.	instrui				

3 Classez les mots suivants en les copiant dans la bonne colonne du tableau.

RAPIDE   granda   salto   ĉevalo   danĝere   bela   KAMELO
naĝi   RAPIDA   PORKO   kuri   salti   SOVAĜA

1. Nom	2. Adjectif	3. Verbe	4. Adverbe

CHAPITRE 2 : RECONNAÎTRE LES MOTS GRÂCE À LEUR « CARTE D'IDENTITÉ »

4 Voici une liste de mots faciles à reconnaître. Indiquez tout d'abord à quelle classe grammaticale appartiennent tous ces mots, puis traduisez-les en français, et enfin essayez d'expliquer ce qu'indique le suffixe *-ist-*.

Classe grammaticale : ....

a. **dento** → ....
b. **dentisto** → ....
c. **ĵurnalo** → ....
d. **ĵurnalisto** → ....
e. **floro** → ....
f. **floristo** → ....
g. **arto** → ....
h. **artisto** → ....

Signification du suffixe **-ist-** : ....

Le suffixe des pros

Quand on place le suffixe **-isto** après le radical d'un mot, cela sert souvent à former la profession.
    pordo, *une porte* → **pordisto**, *un portier*
    kuraci, *soigner* → **kuracisto**, *un médecin*
Parfois, comme en français, ce suffixe peut indiquer une passion ou l'appartenance à une idéologie politique ou religieuse (exemples : **gitaristo**, *un guitariste* ; **socialisto**, *un socialiste* ; **budhisto**, *un bouddhiste*).

5 Formez des professions à partir des mots ci-dessous, en complétant les trous.

a. **ĝardeno**, *un jardin* — **ĝardenisto** — ....
b. **instrui**, *enseigner* — .... — *un enseignant*
c. **ĉevalo**, *un cheval* — .... — *un palefrenier*
d. **biciklo**, *un vélo* — **biciklisto** — ....
e. **muziko**, *la musique* — .... — *un musicien*
f. **komerco**, *le commerce* — **komercisto** — ....
g. **ŝteli**, *dérober* — .... — *un voleur*

CHAPITRE 2 : RECONNAÎTRE LES MOTS GRÂCE À LEUR « CARTE D'IDENTITÉ »

Les terminaisons supplémentaires

- Le pluriel des noms et des adjectifs (qui s'accordent en nombre avec les noms) se forme toujours en rajoutant un **-j** à la fin des mots en **-o** (noms) et des mots en **-a** (adjectifs). Cela donne les terminaisons **-oj** et **-aj** qui se prononcent respectivement [oï] et [aï].
Bela abelo, *une belle abeille* → **belaj abeloj**, *de belles abeilles*

- À la fin des noms en **-o** et des adjectifs en **-a** (et parfois aussi des adverbes en **-e**), on peut ajouter un **-n**. Cette terminaison indique généralement quel mot ou groupe de mots est le complément d'objet direct du verbe, c'est-à-dire ce qui subit l'action. On appelle cela « l'accusatif » (nous en reparlerons plus en détail dans un prochain chapitre). Si le COD est au pluriel, la terminaison **-n** se placera après le **-j**, formant des terminaisons en **-ojn** [oïnn] et **-ajn** [aïnn].
Ni vidas arbon kaj belajn abelojn. → *Nous voyons un arbre et de belles abeilles.*

6 Mettez ces noms ou groupes nominaux au pluriel.

a. **ĉevalo**, *un cheval*
→ ....

b. **granda frato**, *un grand frère*
→ ....

c. **inteligenta ĝardenisto**, *un jardinier intelligent*
→ ....

d. **blanka kaj flava ovo**, *un œuf blanc et jaune*
→ ....

e. **(prenu) libron**, *(prenez) un livre*
→ ....

7 Traduisez ces groupes de mots en français.

a. **ĵurnaloj** → ....
b. **belaj ovoj** → ....
c. **flavaj kaj nigraj abeloj** → ....
d. **Ni manĝas ovon** → ....
e. **Ni vidas sovaĝajn ĉevalojn** → ....

CHAPITRE 2 : RECONNAÎTRE LES MOTS GRÂCE À LEUR « CARTE D'IDENTITÉ »

 Dans le texte suivant, entourez tous les noms (qu'ils soient au singulier ou au pluriel).

En la kamparo estas diversaj bestoj: birdoj kantas kaj flugas en la ĉielo, fiŝoj naĝas en la rivero. Bovoj, ŝafoj kaj kaproj trankvile manĝas herbon en la kampoj. La agrikulturisto observas siajn bestojn. La porkino ludas kun siaj porkidoj. La kunikloj kaj la kokoj ripozas. La kato kaptis muson, ĉar musoj ŝtelas fromaĝon.

À la campagne, il y a divers animaux : les oiseaux chantent et volent dans le ciel, les poissons nagent dans la rivière. Des vaches, des moutons et des chèvres mangent tranquillement de l'herbe dans les champs. L'agriculteur observe ses bêtes. La truie joue avec ses porcelets. Les lapins et les poules se reposent. Le chat a attrapé une souris, car les souris volent du fromage.

L'article défini

En espéranto, il n'y a qu'un seul article : l'article défini **la**. Cet article défini est invariable : il ne change jamais de forme, que le mot qu'il détermine soit au singulier ou au pluriel.

Il n'y a pas d'article indéfini. Donc, si on ne met pas l'article défini **la** devant un nom, on traduira ce nom comme s'il était précédé d'un article indéfini (sauf s'il s'agit d'une généralité, comme **katoj estas bestoj** ➜ *les chats sont des animaux*).

kuzo, *un cousin*   **la kuzo**, *le cousin*   **la kuzino**, *la cousine*
la kuzoj, *les cousins*   **kuzoj**, *des cousins*

 **Traduisez en français, sans oublier de mettre à chaque fois l'article (défini ou indéfini) qui convient.**

a. **la muziko** ➜ ....

b. **ĝardeno** ➜ ....

c. **la ĵurnaloj** ➜ ....

d. **biciklistoj** ➜ ....

e. **la ĉevalo** ➜ ....

CHAPITRE 2 : RECONNAÎTRE LES MOTS GRÂCE À LEUR « CARTE D'IDENTITÉ »

La famille

la patro/la patrino	le père/la mère
la filo/la filino	le fils/la fille
la avo/la avino	le grand-père/la grand-mère
la nepo/la nepino	le petit-fils/la petite-fille
la frato/la fratino	le frère/la sœur
la onklo/la onklino	l'oncle/la tante
la nevo/la nevino	le neveu/la nièce
la kuzo/la kuzino	le cousin/la cousine
la bopatro/la bopatrino	le beau-père/la belle-mère

 10 C'est le repas de famille : placez les membres de la famille autour de la table en les indiquant sur le plan de table en espéranto (traduisez les mots en gras).

- En bout de table, **la grand-mère** préside.
- En face, **la mère** est assise à côté de **l'oncle**.
- Sur les bords, **les fils** (l'aîné et le cadet) sont assis d'un côté et **les cousines** de l'autre.

CHAPITRE 2 : RECONNAÎTRE LES MOTS GRÂCE À LEUR « CARTE D'IDENTITÉ »

11 Soulignez l'intrus dans chacune de ces listes et justifiez pourquoi vous avez choisi cet intrus.

a. la bopatro • la filo • nepo • la avo • la onklo • la nevo

→ Justification ....

b. la onklino • la bopatrino • la nepino • la patrino • la kuzinoj

→ Justification ....

c. la filino • la frato • la kuzino • la nevino • la patrino • la fratino

→ Justification ....

La marque du sexe féminin

En espéranto, les mots n'ont pas de genre grammatical : *une chaise* ne sera pas plus « féminine » qu'*un fauteuil*. De ce fait, les adjectifs s'accordent seulement en nombre avec les noms qu'ils qualifient, mais jamais en genre.

Toutefois, pour les noms désignant des êtres vivants, ils sont par nature de sexe masculin ou indéterminé (ainsi **muŝo** désigne *une mouche* d'une manière générale, peu importe de quel sexe). Si on veut préciser qu'il s'agit d'un être de sexe féminin, on rajoute alors au radical le suffixe **-ino**.

hundo, *un chien* → **hundino**, *une chienne*
la viro, *l'homme* → **la virino**, *la femme*

12 Complétez le tableau pour indiquer la femelle de ces animaux.

	Animaux mâles	Femelle en espéranto	Traduction en français
a.	**lupo**, *un loup*	**lupino**	....
b.	**ĉevalo**, *un cheval*	....	*une jument*
c.	....	**kokino**	*une poule*
d.	**leporo**, *un lièvre*	**leporino**	....
e.	**ansero**, *un jars*	....	*une oie*
f.	**simio**, *un singe*	**simiino**	....
g.	**apro**, *un sanglier*	....	*une laie*

CHAPITRE 2 : RECONNAÎTRE LES MOTS GRÂCE À LEUR « CARTE D'IDENTITÉ »

13 Reliez les mots aux images qui correspondent.

a. **muzikistino**

b. **ĝardenisto**

c. **hundoj**

d. **patrino**

e. **dormi**

f. **kokinoj**

g. **blanka ĉevalo kaj nigra koko**

1.
2.
3.
4.
5.
6.
7.

Bravo, vous êtes venu(e) à bout du chapitre 2 ! Il est maintenant temps de comptabiliser les icônes et de reporter le résultat en page 128 pour l'évaluation finale.

3
Pouvoir conjuguer tous les verbes

Les pronoms personnels

Pour pouvoir conjuguer un verbe en espéranto à toutes les personnes, il est utile de connaître d'abord les pronoms personnels.

Voici la liste de tous les pronoms personnels sujets :
- **mi**, *je*
- **ci**, *tu* (mais il est très rarement employé, car on utilise généralement **vi** à la fois pour « tu » et « vous », comme le *you* en anglais)
- **li**, *il* (pour une personne de sexe masculin)
- **ŝi**, *elle* (pour une personne de sexe féminin)
- **ĝi**, *il/elle* (forme neutre similaire au *it* en anglais, utilisée pour un objet ou un être de sexe indéterminé, comme un animal ou un bébé)
- **oni**, *on* (pour les formules impersonnelles uniquement, donc ne peut pas remplacer « nous »)
- **ni**, *nous*
- **vi**, *tu/vous* (habituellement utilisé pour la 2e personne du singulier comme du pluriel)
- **ili**, *ils/elles* (quel que soit le sexe)

En français, les pronoms personnels changent de forme quand ils deviennent objet du verbe (ainsi, « je » devient « me », « tu » devient « te », etc.). En espéranto, il suffit d'ajouter la terminaison **-n** de l'accusatif pour donner la fonction objet : **min**, *me* ; **vin**, *te/vous* ; **lin**, *le* ; **ŝin**, *la* ; **ĝin**, *le/la* (neutre) ; **nin**, *nous* ; **ilin**, *les*. Exemple : **Mi amas vin.** ➜ *Je t'aime.*

1 Qui aime qui ? Traduisez en français ces petites phrases.

a. Vi amas min ➜ ....

b. Ni amas vin ➜ ....

c. Ŝi amas lin ➜ ....

d. Mi amas min ➜ ....

e. Oni amas ĝin ➜ ....

CHAPITRE 3 : POUVOIR CONJUGUER TOUS LES VERBES

 Reliez les pronoms personnels aux images qui correspondent.

1. •

4. •

5. •

- a. ili •
- b. mi •
- c. li •
- d. ŝi •
- e. vi •
- f. ĝi •

• 2.

• 3.

• 6.

Les déterminants et les pronoms possessifs

Les déterminants possessifs (aussi appelés adjectifs possessifs) se forment tout simplement en rajoutant aux pronoms personnels la terminaison **-a** des adjectifs.

- **mia**, *mon/ma* ; **miaj**, *mes*
- **via**, *ton/ta/votre* ;
  viaj, *tes/vos*
- **lia**, *son/sa* (à lui) ; **liaj**, *ses* (à lui)
- **ŝia**, *son/sa* (à elle) ;
  ŝiaj, *ses* (à elle)
- **ĝia**, *son/sa* (à lui/elle/ça) ;
  ĝiaj, *ses* (à lui/elle/ça)
- **nia**, *notre* ; **niaj**, *nos*
- **ilia**, *leur* ; **iliaj**, *leurs*

Pour les pronoms possessifs, il suffit de placer l'article défini **la** avant ces déterminants possessifs.
la mia, *le mien/la mienne* ; **la miaj**, *les miens/les miennes* ; etc.

 Traduisez en français ces groupes nominaux autour de la famille.

a. mia patro → ....

b. via bopatrino → ....

c. ilia filino → ....

d. viaj kuzinoj → ....

e. nia avo → ....

f. ŝia onklo → ....

g. liaj filoj → ....

h. mia nevino kaj la via
→ ....

CHAPITRE 3 : POUVOIR CONJUGUER TOUS LES VERBES

4 Deux enfants se disputent à propos d'une poupée : aidez-les à se réconcilier en complétant le texte en espéranto avec les déterminants ou les pronoms possessifs qui conviennent.

a. – **Mi havas pupon. Estas .... pupo.**
– J'ai une poupée. C'est ma poupée.

b. – **Ne! Estas ....**
– Non ! C'est la mienne.

c. – **Ne estas vere!** .... **pupo estas bruna, kaj** .... **pupo estas blonda.**
– Ce n'est pas vrai ! Ta poupée est brune, et ma poupée est blonde.

d. – **Sed ankaŭ** .... **pupo estas blonda! Vi konfuzas kun la pupo de Manjo:** .... **pupo estas bruna.**
– Mais ma poupée aussi est blonde ! Tu confonds avec la poupée de Marinette : sa poupée est brune.

e. – **Ĉu vere? Ĉiukaze,** .... **estas la plej bela: ĝi havas longajn harojn kaj** .... **robo estas blanka.**
– Vraiment ? Dans tous les cas, la mienne est la plus belle : elle a de longs cheveux et sa robe est blanche.

f. – **Jes,** .... **estas vere tre bela.**
– Oui, la tienne est vraiment très belle.

g. – **Bone, ni diru, ke ĝi estas** .... **kaj ni ludu kune ! Estos** .... **sekreto...**
– Bien, disons que c'est la nôtre et jouons ensemble ! Ce sera notre secret...

5 Réécrivez ces phrases en espéranto en remplaçant la partie entre parenthèses par le pronom personnel qui convient : *mi*, *vi*, *li*, *ŝi*, *ĝi*, *ni* ou *ili*.

a. **(La kuko) estas bona** → *Le gâteau est bon.* → ....

b. **(Mia patro kaj mi) eliras** → *Mon père et moi sortons.*
→ ....

c. **(Granda instruistino) parolas** → *Une grande enseignante parle.*
→ ....

d. **(Viaj fratoj) manĝas** → *Tes frères mangent.* → ....

CHAPITRE 3 : POUVOIR CONJUGUER TOUS LES VERBES

Le pronom personnel réfléchi et son déterminant possessif

Il existe un pronom personnel réfléchi **si** (*se, soi*) pour la 3ᵉ personne du singulier ou du pluriel. Ce pronom réfléchi n'est jamais sujet : il est utilisé soit comme COD à l'accusatif **sin**, soit comme COI après une préposition (**al si**, **en si**, **por si**…). Ce pronom réfléchi ne peut pas être sujet car il sert justement à renvoyer au sujet de la phrase.

Exemples :   **Li laboras por si** ➜ *Il travaille pour soi* (pour lui-même).
  Ili lavas sin ➜ *Ils se lavent.*

En ajoutant un **-a**, on forme le déterminant possessif **sia** (*son, leur*) qui là aussi indique que le possesseur est le sujet de la phrase. Cela permet d'être plus précis qu'en français où le déterminant possessif « son » peut renvoyer à des personnes différentes.

Exemple :   **Leo ludas kun sia frato**
  ➜ *Léo joue avec son frère* (son propre frère à lui, à Léo).
  Leo ludas kun lia frato
  ➜ *Léo joue avec son frère* (le frère d'un de ses copains).
  Leo ludas kun ŝia frato
  ➜ *Léo joue avec son frère* (le frère d'une de ses copines).
  Ili ludas kun sia frato
  ➜ *Ils jouent avec leur frère* (leur frère à eux).

6 La mère sert de l'eau à toute la famille, l'un après l'autre. Indiquez à côté de chaque verre la lettre qui correspond à la bonne phrase.

a. **La patrino donas akvon al ĝi.**   c. **La patrino donas akvon al ŝi.**
b. **La patrino donas akvon al li.**   d. **La patrino donas akvon al si.**

CHAPITRE 3 : POUVOIR CONJUGUER TOUS LES VERBES

7 Complétez ces phrases avec le déterminant possessif qui convient : *sia*, *lia*, *ŝia*, *ĝia* ou *ilia*.

Exemple : **La policisto promenas kun sia hundo**
→ *Le policier se promène avec son chien* (le chien du policier).

a. **Bernardo parolas al .... filo.**
→ *Bernard parle à son fils* (le fils de Bernard).

b. **Hugo laboras por .... unklo.**
→ *Hugo travaille pour son oncle* (l'oncle de son ami Jacques).

c. **Maria kantas kun .... amikino.**
→ *Maria chante avec son amie* (l'amie de Maria).

d. **La du knabinoj zorgas pri .... pupo.**
→ *Les deux filles s'occupent de leur poupée* (la poupée commune des deux filles).

e. **La patrino restas en .... ĉambro.**
→ *La mère reste dans sa chambre* (la chambre de sa fille).

f. **La ĝardenisto zorgas pri .... arbo ĉar li vidis insektojn sur .... trunko.**
→ *Le jardinier s'occupe de son arbre* (l'arbre du jardinier) *car il a vu des insectes sur son tronc* (le tronc de l'arbre).

La conjugaison des verbes au présent

Il n'y a aucun verbe irrégulier en espéranto, ni groupes de verbes, donc tous les verbes se conjuguent exactement de la même façon.

La conjugaison est très régulière : le verbe garde la même terminaison à toutes les personnes, seul le sujet change.

Ainsi, lorsqu'un verbe est conjugué au présent, il prend toujours la terminaison **-as** (qui remplace alors la terminaison **-i** de l'infinitif).

ami	*aimer*
mi amas	*j'aime*
vi amas	*tu aimes / vous aimez*
li / ŝi / ĝi / oni amas	*il/elle/on aime*
ni amas	*nous aimons*
ili amas	*ils/elles aiment*

CHAPITRE 3 : POUVOIR CONJUGUER TOUS LES VERBES

 Complétez le tableau en conjuguant les verbes au présent.

Infinitif	1ʳᵉ pers. du singulier	2ᵉ pers. du singulier	3ᵉ pers. du singulier	1ʳᵉ pers. du pluriel	2ᵉ pers. du pluriel	3ᵉ pers. du pluriel
atendi *attendre*		vi atendas				
diri *dire*			oni diras			
labori *travailler*						ili laboras
paroli *parler*	mi parolas					
plori *pleurer*			ŝi ploras			
ridi *rire*				ni ridas		
skribi *écrire*			li skribas			
trinki *boire*					vi trinkas	
vivi *vivre*			ĝi vivas			
vojaĝi *voyager*						

Sujet impersonnel

Si le sujet d'un verbe est impersonnel, on ne met tout simplement pas de sujet en espéranto.

Exemple : **pluvas**, *il pleut*

CHAPITRE 3 : POUVOIR CONJUGUER TOUS LES VERBES

9 Transposez les trois premières phrases du singulier au pluriel (comme dans l'exemple), puis les suivantes du pluriel au singulier.

Exemple : **Vi estas bela** *(Tu es beau)* → **Vi estas belaj** *(Vous êtes beaux)*

a. **Mi promenas** *(Je me promène)* → ....

b. **La kato dormas** *(Le chat dort)* → ....

c. **Ŝi vojaĝas** *(Elle voyage)* → ....

d. **Vi venas** *(Vous venez)* → ....

e. **Ni estas fortaj** *(Nous sommes forts)* → ....

f. **Ili komprenas** *(Elles comprennent)* → ....

Le passé et le futur

Pour conjuguer un verbe à d'autres temps que le présent, il suffit de changer seulement sa terminaison. Au passé, les verbes prennent la terminaison **-is**. Au futur, la terminaison devient **-os**.

Voici la conjugaison du verbe **esti**, *être* aux trois temps principaux :

Présent
mi estas, *je suis*
vi estas, *tu es / vous êtes*
li / ŝi / ĝi estas, *il/elle est*
ni estas, *nous sommes*
ili estas, *ils/elles sont*

Passé
mi estis, *j'étais*
vi estis, *tu étais / vous étiez*
li / ŝi / ĝi estis, *il/elle était*
ni estis, *nous étions*
ili estis, *ils/elles étaient*

Futur
mi estos, *je serai*
vi estos, *tu seras / vous serez*
li / ŝi / ĝi estos, *il/elle sera*
ni estos, *nous serons*
ili estos, *ils/elles seront*

Vous savez à présent conjuguer n'importe quel verbe en espéranto aux trois temps du mode indicatif.

10 Changez le temps de ces phrases en transposant le verbe au passé après l'adverbe *hieraŭ*, hier ou au futur après l'adverbe *morgaŭ*, demain.

a. **Vi laboras.** → Hieraŭ, ...

b. **Oni vivas.** → Morgaŭ, ...

c. **Ni manĝas kukon.** → Morgaŭ, ...

d. **Mia frato venas.** → Hieraŭ, ...

e. **Li estas riĉa.** → Morgaŭ, ...

f. **Viaj nepoj ploras.** → Hieraŭ, ...

CHAPITRE 3 : POUVOIR CONJUGUER TOUS LES VERBES

Le passé récent et le futur proche

On peut former le passé récent en utilisant l'adverbe **ĵus**, *juste, à l'instant* que l'on place avant le verbe au passé (terminaison **-is**).

Si l'on place l'adverbe **tuj**, *tout de suite* devant un verbe au futur (terminaison **-os**), cela forme le futur proche.

Exemples :   **Mi ĵus manĝis** → *Je viens de manger.*
     Mi tuj manĝos → *Je vais manger.*

 Transposez les verbes au passé en passé récent à l'aide de l'adverbe *ĵus* et ceux au futur en futur proche à l'aide de l'adverbe *tuj*.

a. Mi ploros. → ....

b. Ŝia onklo venis. → ....

c. Vi manĝis. → ....

d. Li skribos. → ....

Sport et loisirs

kuri	*courir*	la korbopilko	*le basket-ball*
salti	*sauter*	la manpilko	*le handball*
naĝi	*nager*	la kulturo	*la culture*
danci	*danser*	la libro	*le livre*
ludi	*jouer*	la teatro	*le théâtre*
kanti	*chanter*	la kinejo	*la salle de cinéma*
aŭskulti	*écouter*	la filmo	*le film*
rigardi	*regarder*	la foto	*la photo*
desegni	*dessiner*		
legi	*lire*		
la sporto	*le sport*		
la piedpilko	*le football*		

CHAPITRE 3 : POUVOIR CONJUGUER TOUS LES VERBES

12 Complétez les phrases avec le verbe approprié (choisi dans la liste ci-dessous), en le conjuguant au temps qui convient.

RIDI   **LEGI**   **KURI**   **DESEGNI**   **LUDI**

a. Silentu! En la biblioteko, oni .... librojn.

b. Hieraŭ la filmo estis tre amuza, ni multe ....

c. Maria estas talenta: ŝi bele ....

d. Ili ĵus .... piedpilkon.

e. Morgaŭ, la sportisto rapide .... por la maratono.

13 Dans cette grille, les verbes de la liste ci-dessous sont cachés (conjugués ou non) horizontalement, verticalement ou en diagonale. Entourez-les et essayez de former un mot avec les lettres restantes.

A	M	A	S	R	E	V	I	K	T
V	K	A	O	N	I	N	J	U	R
I	V	E	N	A	S	D	I	R	I
V	O	J	A	Ĝ	A	S	A	O	N
A	U	G	L	O	I	A	C	S	K
S	G	D	E	S	E	G	N	I	O
I	R	I	G	A	R	D	I	O	S
S	K	R	I	B	I	L	U	D	I

AGI   TRINKI
AMI   VENI
DESEGNI   VIVI
DIRI   VOJAĜI
KURI
LEGI
LUDI
MANĜI
NAĜI
REVI
RIDI
RIGARDI
SKRIBI

Mot caché : ....

Bravo, vous êtes venu(e) à bout du chapitre 3 ! Il est maintenant temps de comptabiliser les icônes et de reporter le résultat en page 128 pour l'évaluation finale.

Conjuguer à tous les temps

Le conditionnel

Pour conjuguer un verbe au mode conditionnel, il suffit de mettre la terminaison **-us**.

L'emploi du conditionnel dans une phrase hypothétique est beaucoup plus simple qu'en français, car on utilise le conditionnel dans les deux parties de la phrase (contrairement au français où on utilise l'imparfait pour l'hypothèse). Exemple : **Se mi estus riĉa, mi vojaĝus** → *Si j'étais riche, je voyagerais.*

Le mode conditionnel sert principalement à exprimer une hypothèse irréelle (voir l'exemple ci-dessus). Mais il peut aussi parfois être utilisé comme une marque de politesse. Exemple : **Mi dezirus paroli** → *Je souhaiterais parler.*

1 Conjuguez les verbes entre parenthèses.

a. **Ĉu vi (povi)** .... **doni al mi panon?**
   Pourriez-vous me donner du pain ?

b. **Se vi (esti)** .... **atenta, vi (kompreni)** ....
   Si tu étais attentif, tu comprendrais.

c. **Se la lupo (veni)** ...., **li (manĝi)** .... **nin.**
   Si le loup venait, il nous mangerait.

d. **Se kokoj (havi)** .... **dentojn, porkoj (flugi)** ....
   Si les poules avaient des dents, les cochons voleraient.

e. **Se li ne (esti)** .... **malsana, li (labori)** ....
   S'il n'était pas malade, il travaillerait.

CHAPITRE 4 : CONJUGUER À TOUS LES TEMPS

Les sentiments et les émotions

ami	*aimer (d'amour)*	**fuĝi**	*fuir*
ŝati	*bien aimer, apprécier*	**bedaŭri**	*regretter*
malami	*haïr, détester*	**esperi**	*espérer*
krii	*crier*	**deziri**	*désirer, souhaiter*
koleri	*être en colère*	**voli**	*vouloir*
timi	*craindre, avoir peur de*	**peti**	*demander (quelque chose)*
tremi	*trembler*	**ordoni**	*ordonner*

2 Traduisez en espéranto les phrases suivantes.

a. *S'il voulait, il crierait.* → ....

b. *Nous souhaiterions manger et dormir.*

→ ....

c. *Si tu étais rapide, tu fuirais.* → ....

d. *Si je venais, elles trembleraient.*

→ ....

Le volitif

Le mode volitif exprime une idée de volonté. En français, c'est l'équivalent du mode impératif et parfois du subjonctif.

Au volitif, les verbes se terminent par **-u**. Les principales différences avec l'impératif sont que le verbe peut se conjuguer à toutes les personnes et que l'on utilise le pronom personnel sujet (sauf pour la 2ᵉ personne où le pronom est facultatif).

Manĝi	*Manger*
Mi manĝu!	*(Il faut) que je mange !*
(Vi) manĝu!	*Mange ! / Mangez !*
Li / ŝi / ĝi / oni manĝu!	*Qu'il/elle/on mange !*
Ni manĝu!	*Mangeons !*
Ili manĝu!	*Qu'ils/elles mangent !*

CHAPITRE 4 : CONJUGUER À TOUS LES TEMPS

Le volitif sert donc principalement à donner des ordres. Mais il peut être aussi utilisé dans des propositions subordonnées pour exprimer un souhait ou une nécessité (souvent après un verbe de volonté).
Exemples : **Mi volas, ke li manĝu** ➜ *Je veux qu'il mange.*
Ŝi insistas, por ke vi venu ➜ *Elle insiste pour que tu viennes.*

3 Traduisez en français les phrases suivantes.

a. **Ni kantu!** ➜ ....

b. **Mi kuru rapide...** ➜ ....

c. **Venu!** ➜ ....

d. **Li atendu!** ➜ ....

e. **Ili deziras, ke ŝi vojaĝu.** ➜ ....

f. **La instruisto ordonas, ke vi estu rapidaj.**

➜ ....

4 Conjuguez à toutes les personnes le verbe *rigardi*, *regarder* au volitif en indiquant la traduction à côté.

	Rigardi au volitif	Traduction en français
1re personne du singulier	a.	
2e personne du singulier	b.	
3e personne du singulier	c.	
1re personne du pluriel	d.	
2e personne du pluriel	e.	
3e personne du pluriel	f.	

CHAPITRE 4 : CONJUGUER À TOUS LES TEMPS

 Conjuguez les verbes entre parenthèses au temps ou mode nécessaire (présent, passé, futur, conditionnel ou volitif).

a. Se mi (esti) .... simio, mi (salti) ....

b. Hieraŭ, mia patrino (koleri) ...., ĉar mia frato (plori) ....

c. La koko (kanti) .... morgaŭ.

d. (Fuĝi) .... rapide!

e. Paola (esti) .... via kuzino.

Les participes actifs et passifs

Là où le français n'a que deux participes (le participe présent actif « mangeant » et le participe passé passif « mangé »), l'espéranto fera preuve d'une plus grande précision grâce à six participes construits de façon tout à fait logique. En effet, il y aura trois participes actifs et trois participes passifs, qui pourront se mettre à chaque fois au passé, au présent ou au futur (en gardant la même voyelle que les terminaisons du passé **-is**, du présent **-as** et du futur **-os**).

Participes	Actifs		Passifs	
Passé	**manĝinta**	*ayant mangé*	**manĝita**	*mangé(e) / ayant été mangé(e)*
Présent	**manĝanta**	*mangeant (en train de manger)*	**manĝata**	*en train d'être mangé(e)*
Futur	**manĝonta**	*sur le point de manger*	**manĝota**	*sur le point d'être mangé(e)*

Ces participes sont souvent utilisés comme des adjectifs avec la terminaison **-a**.

Mais on peut en faire des adverbes avec la terminaison **-e**, par exemple pour former le gérondif.
Exemple : **Venante, li vidis birdon** ➔ *En venant, il a vu un oiseau.*

On peut aussi former des noms avec la terminaison **-o**.
Exemples : **la komencanto**, *le débutant* (celui qui commence)
la komencinto, *le faux débutant* (celui qui a déjà commencé)
la komenconto, *le futur débutant* (celui qui va commencer)

CHAPITRE 4 : CONJUGUER À TOUS LES TEMPS

 Classez les participes ci-dessous en les copiant dans chacun des trois tableaux.

PAROLINTE • ESPERANTO • KAPTITA • FAROTA • AMATO • RIGARDONTA • KURANTE • RIPOZANTA • PREZIDINTO • KONSTRUATA

a. Indiquez si ces participes sont à la voix active ou passive.

Participes actifs	Participes passifs

b. Indiquez le temps de ces participes.

Participes passés	Participes présents	Participes futurs

c. Indiquez la classe grammaticale de ces participes.

Participes adjectifs	Gérondifs (adverbes)	Noms

CHAPITRE 4 : CONJUGUER À TOUS LES TEMPS

Le saviez-vous ?

Le médecin polonais Ludwik Lejzer Zamenhof, qui est l'auteur de la langue internationale espéranto, avait publié le tout premier manuel d'espéranto sous le pseudonyme de **Dr Esperanto** : c'est un participe présent qui signifie « *celui qui espère* ». C'est de là que la langue tire son nom.

7 Formez tous les participes possibles (avec la terminaison *-a*) du verbe *lerni*, *apprendre* en indiquant la traduction à côté.

a. .... d. ....

b. .... e. ....

c. .... f. ....

Les temps composés à l'aide des participes

Si on combine le verbe auxiliaire **esti**, *être* (conjugué au présent, au passé, au futur, ou même encore au conditionnel ou au volitif) avec les six participes de l'espéranto, on peut former une grande variété de temps composés qui expriment une grande précision avec seulement 12 terminaisons.

Exemples : **Mi estis veninta** ➔ *J'étais venu(e)*.
Mi estis venanta ➔ *J'étais en train de venir, je venais.*
Mi estis venonta ➔ *J'allais venir.*
Mi estas veninta ➔ *Je suis venu(e).*
Mi estas venanta ➔ *Je suis en train de venir.*
Mi estas venonta ➔ *Je vais venir.*
Mi estos veninta ➔ *Je serai venu(e).*
Mi estos venanta ➔ *Je serai en train de venir.*
Mi estos venonta ➔ *Je serai sur le point de venir.*
Mi estus veninta ➔ *Je serais (volontiers) venu(e).*
Mi estu veninta ➔ *Il faut que je sois venu(e).*
La kuko estas manĝita ➔ *Le gâteau a été mangé.*
La kuko estas manĝata ➔ *Le gâteau est en train d'être mangé.*
La kuko estas manĝota ➔ *Le gâteau va être mangé.*

CHAPITRE 4 : CONJUGUER À TOUS LES TEMPS

8 Traduisez en français les phrases suivantes.

a. Mi estas dorminta.

→ ....

b. Viaj fratinoj estis plorintaj.

→ ....

c. Se vi volus, la filmo estus rigardota.

→ ....

d. Ŝi estos ripozanta ĉar ŝi estos laborinta.

→ ....

e. La libroj estis skribitaj.

→ ....

9 Complétez les terminaisons des verbes (et des participes).

Exemple : *J'aurai appris* → **Mi estos lerninta.**

a. *Il avait attrapé le poisson* → **Li est-**.......... **kapt-**.......... **la fiŝon.**

b. *Il va acheter* → **Li est-**.......... **aĉet-**..........

c. *Elle est en construction* → **Ĝi est-**.......... **konstru-**..........

d. *Nous étions sur le point de boire* → **Ni est-**.......... **trink-**..........

e. *Mon bras est cassé* → **Mia brako est-**.......... **romp-**..........

f. *La photo avait été cachée* → **La foto est-**.......... **kaŝ-**..........

g. *Le dentiste a travaillé* → **La dentisto est-**.......... **labor-**..........

h. *Vous étiez en train de courir* → **Vi est-**.......... **kur-**..........

i. *Nos enfants auront joué* → **Niaj infanoj est-**.......... **lud-**..........

CHAPITRE 4 : CONJUGUER À TOUS LES TEMPS

Le complément d'agent au passif

Dans une phrase à la voix passive, le complément d'agent est introduit par la préposition **de**, *par*.
Exemple : **La kato manĝas la muson** ➜ *Le chat mange la souris.* (voix active)
➜ **La muso estas manĝata de la kato** ➜ *La souris est mangée par le chat.* (voix passive)

10 Transposez ces phrases de la voix active à la voix passive, comme dans l'exemple de l'encadré ci-dessus.

a. **La laboristo konstruas la domon** ➜ *L'ouvrier construit la maison.*

➜ ....

b. **Mia fratino legas libron** ➜ *Ma sœur lit un livre.*

➜ ....

c. **La instruistino fermos la pordon** ➜ *L'enseignante fermera la porte.*

➜ ....

d. **Hieraŭ, la fiŝkaptisto kaptis fiŝojn** ➜ *Hier, le pêcheur a attrapé des poissons.*

➜ ....

11 Pour terminer de manière ludique ce chapitre assez riche en détails et subtilités, voici une phrase à décoder en vous aidant de l'alphabet de l'espéranto présenté dans le premier chapitre (p. 5). Essayez de trouver à quelle lettre correspond chaque lettre du code pour déchiffrer cette phrase qui signifie : « S'il était en colère, elle serait venue avec sa sœur (à elle). »

ŜF MJ LPMFSŬŜ, TJ FŜUŬŜ ZFOJOUB LŬO ŜJB GSBUJOP.

Bravo, vous êtes venu(e) à bout du chapitre 4 !
Il est maintenant temps de comptabiliser les icônes et de reporter le résultat en page 128 pour l'évaluation finale.

Indiquer l'objet de l'action grâce à l'accusatif

Complément d'objet ou attribut du sujet ?

Un complément d'objet est l'être vivant ou la chose sur qui porte l'action d'un verbe.

Seul un verbe d'action (c'est-à-dire la plupart des verbes) peut être complété par un objet. Il n'y aura donc jamais de complément d'objet avec un verbe d'état (comme **esti**, *être* ; **resti**, *rester* ; **ŝajni**, *sembler* ; **aspekti**, *paraître* ; **iĝi**, *devenir*…) car un verbe d'état introduit un attribut du sujet.

De ce fait, il ne faut absolument pas confondre complément d'objet et attribut du sujet, qui auront des terminaisons différentes en espéranto.

Exemples :
Mi vidas vian patron ➜ *Je vois ton père*.
Vian patron est complément d'objet du verbe **vidas** (car il subit l'action d'être vu).
Mi estas via patro ➜ *Je suis ton père*.
Via patro est attribut du sujet **mi** (car **mi** et **via patro** désignent la même personne, et **estas** est un verbe d'état).

1 Entourez les verbes d'action dans la liste suivante.

MANĜI   KAPTI   ŜAJNI

RIGARDI   LEGI   KANTI   RESTI

ESTI   AŬSKULTI   TRINKI

CHAPITRE 5 : INDIQUER L'OBJET DE L'ACTION GRÂCE À L'ACCUSATIF

 Indiquez si le groupe souligné est un complément d'objet ou un attribut du sujet en cochant la bonne case.

	1. Complément d'objet	2. Attribut du sujet
a. Mia vivo estas <u>filmo</u> → *Ma vie est un film.*	☐	☐
b. Ni spektas <u>bonan filmon</u> → *Nous regardons un bon film.*	☐	☐
c. La ludanto frapas <u>la pilkon</u> → *Le joueur frappe la balle.*	☐	☐
d. Ŝi ŝajnas <u>feliĉa</u> → *Elle a l'air heureuse.*	☐	☐
e. Vi komprenis <u>la lecionojn</u> → *Vous avez compris les leçons.*	☐	☐
f. Via onklo restos <u>urbestro</u> → *Ton oncle restera maire.*	☐	☐
g. Ili trinkis <u>bieron</u> → *Ils ont bu une bière.*	☐	☐
h. Esperanto estas <u>logika lingvo</u> → *L'espéranto est une langue logique.*	☐	☐

Complément d'objet direct ou indirect ?

Un complément d'objet peut être direct (COD) s'il est employé sans préposition, et dans ce cas-là, on utilisera la terminaison **–n** de l'accusatif.

Mais si le complément d'objet est précédé d'une préposition (comme **al**, *à* ; **de**, *de* ; **pri**, *au sujet de*…), on dira qu'il est indirect (COI) et on n'utilisera pas l'accusatif après cette préposition.

Exemples :
Mi rigardas <u>vian patron</u>
→ *Je regarde <u>ton père</u>*.
C'est un complément d'objet direct (COD) à l'accusatif.
Mi parolas <u>pri via patro</u>
→ *Je parle <u>de ton père</u>*.
C'est un complément d'objet indirect (COI) sans accusatif.

CHAPITRE 5 : INDIQUER L'OBJET DE L'ACTION GRÂCE À L'ACCUSATIF

3 Indiquez si le groupe souligné est un complément d'objet direct ou indirect en cochant la bonne case.

	1. Complément d'objet direct	2. Complément d'objet indirect
a. **Li faris <u>longan paroladon</u>** → *Il a fait un long discours.*	☐	☐
b. **Li parolas <u>al vi</u>** → *Il vous parle.*	☐	☐
c. **Ili <u>min</u> aŭskultas** → *Elles m'écoutent.*	☐	☐
d. **Ni atendas <u>lian fraton</u>** → *Nous attendons son frère.*	☐	☐
e. **Beata pensas <u>pri siaj ferioj</u>** → *Beata pense à ses vacances.*	☐	☐
f. **La amikoj profitas <u>de la vojaĝo</u>** → *Les amis profitent du voyage.*	☐	☐

Reconnaître le complément d'objet direct

En espéranto, on reconnaît le complément d'objet direct grâce à sa terminaison **-n**. Le pronom interrogatif pour trouver ce complément d'objet prendra donc aussi l'accusatif : **kiun?**, *qui ?* ou **kion?**, *que/quoi ?*

Exemples : **Mi vidas vian patron** → *Je vois ton père.*
→ **Kiun mi vidas? Vian patron** → *Je vois qui ? Ton père.*
Ŝi manĝas pomon → *Elle mange une pomme.*
→ **Kion ŝi manĝas? Pomon** → *Elle mange quoi / Que mange-t-elle ? Une pomme.*

4 Soulignez le complément d'objet direct de chaque phrase, et posez une question commençant par *kiun* ou *kion* permettant d'obtenir cette phrase en réponse.

a. **Ŝi adoras la poezion.** → Question : ....

b. **La leono manĝas ĝirafon.** → Question : ....

c. **Ni defendos Bernardon.** → Question : ....

d. **Miaj amikoj min rigardas.** → Question : ....

e. **La ĝardenisto vidas belan blankan floron.**
   → Question : ....

CHAPITRE 5 : INDIQUER L'OBJET DE L'ACTION GRÂCE À L'ACCUSATIF

La terminaison de l'accusatif

Comme évoqué dans le chapitre 2 (p. 13), lorsque l'on ajoute la terminaison **-n** à la fin d'un nom, un adjectif ou un pronom, cela indique le complément d'objet direct du verbe d'action de la phrase. On appelle cette terminaison le cas accusatif (ainsi, lorsqu'il n'y a pas de **-n** à la fin d'un nom, on peut dire qu'il est au cas nominatif et ce nom aura alors le plus souvent la fonction de sujet du verbe).

Rappelons que l'accusatif existe d'une certaine manière aussi en français, mais uniquement pour les pronoms qui peuvent changer de forme selon qu'ils sont sujets ou objets d'un verbe. Ainsi, *je, tu, il, elle, qui* (**mi, vi, li, ŝi, kiu** en espéranto) seront toujours sujets, tandis que *me, te, le, la, que* (**min, vin, lin, ŝin, kiun** avec simplement un **-n** en espéranto) seront utilisés comme compléments d'objet.

5 Mettez les mots ou groupes de mots suivants à l'accusatif en plaçant la terminaison *-n* aux mots qui conviennent (seulement aux noms, pronoms et adjectifs).

a. ĝi......

b. tablo......

c. la...... arbo......

d. problemoj......

e. miaj...... amikoj......

f. la...... tre...... granda...... domo......

g. nigra...... kaj...... blanka...... zebro......

La nourriture et les boissons

la pano	le pain		
la fromaĝo	le fromage		
la salato	la salade (composée)	la jogurto	le yaourt
la viando	la viande	la kuko	le gâteau
la fiŝo	le poisson	la glaciaĵo	la glace
la ovo	l'œuf	la akvo	l'eau
la nudeloj	les nouilles	la teo	le thé
la rizo	le riz	la kafo	le café
la legomoj	les légumes	la lakto	le lait
la supo	la soupe	la vino	le vin
la fruktoj	les fruits	la suko	le jus

CHAPITRE 5 : INDIQUER L'OBJET DE L'ACTION GRÂCE À L'ACCUSATIF

6 Pour rendre ces phrases compréhensibles et bien construites en espéranto, mettez à chaque fois l'objet du verbe à l'accusatif en ajoutant les terminaisons *-n* nécessaires.

a. *J'aime le fromage* → **Mi** ŝatas fromaĝo .

b. *Les poules font des œufs* → **Kokinoj** ellasas ovoj .

c. *Votre grand-mère boit un bon thé*
   → **Via** avino trinkas bona teo .

d. *Les policiers m'ont attrapé* → **La** policistoj kaptis mi .

e. *Donne-moi le pain !* → **Donu** al mi la pano !

f. *Nous allons cuisiner des légumes frais*
   → **Ni** tuj kuiros freŝaj legomoj .

g. *Les enfants ont mangé les yaourts aux fruits*
   → **La** infanoj manĝis la fruktaj jogurtoj .

7 Réécrivez les phrases suivantes en remplaçant le complément d'objet direct par un pronom personnel.

Exemple : **Mi amas mian patrinon.** → **Mi amas ŝin.**

a. **Ni aŭskultas la instruiston.** → ....

b. **Rigardu vian fratinon!** → ....

c. **Mia patro riparis la tablon.** → ....

d. **Ni helpu virinojn!** → ....

e. **Li trinkos vian vinon.**

→ ....

f. **Ili frapas Bernardon kaj min.**

→ ....

g. **Vi invitu Pablon kaj lian familion!**

→ ....

CHAPITRE 5 : INDIQUER L'OBJET DE L'ACTION GRÂCE À L'ACCUSATIF

L'ordre des mots dans la phrase

Grâce à la terminaison **-n** de l'accusatif qui permet de distinguer l'objet du verbe par rapport au sujet du verbe (sans **-n**), l'ordre des mots est très libre en espéranto. Ainsi, des locuteurs de différentes langues peuvent calquer l'ordre des mots en espéranto sur l'ordre des mots dans leur langue maternelle et, même si l'ordre des mots est différent d'une langue à l'autre, la phrase restera compréhensible en espéranto grâce aux terminaisons, quel que soit son ordre.

Exemples : *Je t'aime* → **Mi amas vin** / **Mi vin amas** / **Vin mi amas** / **Vin amas mi** / **Amas mi vin** / **Amas vin mi**.

Toutefois, même si l'ordre des mots est en principe libre, l'ordre le plus fréquemment utilisé est sujet / verbe / complément (comme en français). Si on veut mettre un mot en valeur, on aura tendance à le placer en début de phrase.

Exemples : **Mi manĝas la pomon** → *Je mange la pomme.*
La pomon mi manĝas → *La pomme, je la mange.*
(C'est la pomme que je mange.)

8 Trouvez six façons de dire « *Nous mangeons des légumes* » en espéranto.

1. ....
2. ....
3. ....
4. ....
5. ....
6. ....

9 Soulignez les compléments d'objet direct dans les phrases ci-dessous, puis traduisez les phrases.

a. **La muson manĝis la kato.** → ....

b. **Mi kafon deziras.** → ....

c. **Vian supon manĝu!** → ....

CHAPITRE 5 : INDIQUER L'OBJET DE L'ACTION GRÂCE À L'ACCUSATIF

d. Ludas piedpilkon la infanoj.

→ ....

e. Teon kun lakto ŝi trinkas.

→ ....

f. Ŝatas li bonajn filmojn kaj belajn fotojn.

→ ....

Les fruits et les légumes

la pomo	la pomme
la piro	la poire
la oranĝo	l'orange
la citrono	le citron
la banano	la banane
la akvomelono	la pastèque
la persiko	la pêche
la abrikoto	l'abricot
la nukso	la noix
la vinbero	le raisin
la ĉerizo	la cerise
la frago	la fraise

la frambo	la framboise
la tomato	la tomate
la terpomo	la pomme de terre
la karoto	la carotte
la maizo	le maïs
la fazeolo	le haricot
la fungo	le champignon
la cepo	l'oignon

10 Vous voulez préparer une salade de fruits. Entourez seulement les fruits dans la liste ci-dessous.

FAZEOLOJ   POMOJ   maizo   terpomoj

persikoj   fragoj    ViANDO   karotoj

LAKTO   vinberoj   OVOJ   oranĝoj

CHAPITRE 5 : INDIQUER L'OBJET DE L'ACTION GRÂCE À L'ACCUSATIF

Les pronoms et les déterminants en -u et en -o

Il existe cinq pronoms qui servent à désigner des choses et qui se terminent par **-o** comme les noms (ils peuvent donc prendre la terminaison **-n** de l'accusatif quand ils sont COD).

io, *quelque chose* **tio**, *cela, ça* **nenio**, *rien*
kio, *quoi, que* **ĉio**, *tout*

Exemple : **Kio estas tio?** → *Qu'est-ce que c'est ?*

Sur le même modèle, il existe aussi cinq mots en **-u** qui servent à désigner des individus ou des choses individuelles (ils peuvent donc se mettre au pluriel et/ou à l'accusatif). Ces cinq mots peuvent être utilisés tantôt comme des pronoms, tantôt comme des déterminants avant un nom.

iu, *quelqu'un / quelque, un certain…*
kiu, *qui, lequel, laquelle / quel(le)*
tiu, *celui-là, celle-là / ce, cette*
ĉiu, *chacun / chaque* (au pluriel : **ĉiuj**, *tout le monde/tous*)
neniu, *personne/aucun*

Exemple : **Mi konas tiujn, kiuj skribis ĉiun libron**
→ *Je connais ceux qui ont écrit chaque livre.*

II Traduisez en français.

a. **Kion vi skribas?**

→ ......

b. **Neniu rigardos tiujn fruktojn.**

→ ......

c. **Ni komprenas ĉion.**

→ ......

d. **Tiu viro, kiun vi vidis, estas mia patro.**

→ ......

e. **Ĉiuj konas iun, kiu kantas.**

→ ......

CHAPITRE 5 : INDIQUER L'OBJET DE L'ACTION GRÂCE À L'ACCUSATIF

12 Traduisez en espéranto.

a. Qui a mangé ma glace ? → ....

b. Ce livre est le mien. → ....

c. Chaque cheval courra. → ....

d. Il veut cela. → ....

13 Trouvez la sortie du labyrinthe. Pour cela, suivez les cases au crayon en respectant toujours l'ordre de la phrase suivante : *ni serĉas la elirejon* → *nous cherchons la sortie* (puis on recommence à *ni*).

NI
↓

SERĈAS	LA	NI	SERĈAS	ELIREJO	LA	NI	SERĈAS
NI	ELIREJON	LA	SERĈAS	LA	SERĈAS	ELIREJO	NI
LA	NI	NI	NI	ELIREJON	NI	SERĈAS	LA
NI	SERĈAS	LA	ELIREJON	SERĈAS	ELIREJO	LA	ELIREJO
LA	ELIREJO	NI	SERĈAS	SERĈAS	NI	LA	SERĈAS
SERĈAS	NI	SERĈAS	ELIREJON	LA	LA	NI	SERĈAS
ELIREJO	LA	ELIREJON	NI	SERĈAS	LA	ELIREJON	LA

ELIREJON.
↓

Bravo, vous êtes venu(e) à bout du chapitre 5 !
Il est maintenant temps de comptabiliser les icônes et de reporter le résultat en page 128 pour l'évaluation finale.

Utiliser l'accusatif en d'autres circonstances

L'accusatif employé seul dans les expressions de politesse

Maintenant que vous savez que la terminaison **-n** de l'accusatif sert à indiquer le complément d'objet d'un verbe, vous vous demandez peut-être pourquoi les expressions de politesse que vous aviez rencontrées dans le premier chapitre (**bonan tagon**, *bonjour* ; **gratulojn**, *félicitations* ; **dankon**, *merci* ; etc.) sont toutes à l'accusatif alors qu'il n'y a pas de verbe. L'explication est toute simple : le verbe est sous-entendu dans ces expressions.

(Mi deziras al vi) bonan nokton! → *(Je te souhaite une) bonne nuit !*
(Mi petas) helpon! → *(Je demande) à l'aide ! Au secours !*

Les événements à souhaiter

bone	bien
veni	venir
feliĉa	heureux
la naskiĝo	la naissance
la tago	le jour
la Kristo	le Christ (Jésus)
nova	nouveau
la jaro	l'année

1 Formulez le souhait correspondant à chacune de ces phrases et traduisez-le à l'aide du vocabulaire ci-contre.

Exemple : **Mi deziras al vi bonŝancon.**
→ **Bonŝancon!** → *Bonne chance !*

a. Mi deziras al vi bonvenon.
→ ....
→ ....

b. Mi deziras al vi feliĉan naskiĝtagon.
→ ....
→ ....

c. Mi deziras al vi feliĉan Kristnaskon.
→ ....
→ ....

d. Mi deziras al vi feliĉan novjaron.
→ ....
→ ....

CHAPITRE 6 : UTILISER L'ACCUSATIF EN D'AUTRES CIRCONSTANCES

L'accusatif de direction

La principale fonction de l'accusatif est de montrer quel est l'objet du verbe (COD) de la phrase. Mais la terminaison **-n** peut aussi servir à indiquer une direction, un déplacement vers un autre endroit.

Cet accusatif de direction peut s'utiliser de trois façons :
- à la fin d'un nom de lieu (ex : **Mi iras Parizon** ➜ *Je vais à Paris.*) ;
- à la fin d'un adverbe de lieu (ex : **Li rigardas eksteren** ➜ *Il regarde vers l'extérieur.*) ;
- dans un groupe nominal introduit par certaines prépositions.
  ➜ Attention, on n'utilise l'accusatif après une préposition que si c'est pour préciser qu'il y a un déplacement d'un endroit à un autre (cette règle permet donc une plus grande précision). Mais après des prépositions indiquant déjà une direction, comme **al**, *vers* ou **ĝis**, *jusqu'à*, il n'y aura jamais d'accusatif.

La kato saltas sur la tablo ➜ *Le chat saute sur la table.*
(Il est déjà dessus et sautille sur cette table.)

La kato saltas sur la tablon ➜ *Le chat saute sur la table.*
(Il était par terre et saute vers la table.)

2. Cochez la bonne réponse aux questions.

a. **Birdo flugas en la ĉambron.**
   Où se trouve l'oiseau qui vole ?
   ○ 1. Dans la chambre.   ○ 2. Hors de la chambre.

b. **Mi promenas en la parko.**
   Où est-ce que je me trouve pour la promenade ?
   ○ 1. Dans le parc.   ○ 2. À l'extérieur du parc.

c. **La hundo dormas sub la tablo.**
   Où se trouve le chien qui dort ?
   ○ 1. Sous la table.   ○ 2. À côté de la table.

d. **La muso kuras sub la liton.**
   Où se trouve la souris qui court ?
   ○ 1. Sous le lit.   ○ 2. À côté du lit.

e. **La direktoro revenos urben.**
   Où se trouve le directeur sur le retour ?
   ○ 1. En ville.   ○ 2. Hors de la ville.

CHAPITRE 6 : UTILISER L'ACCUSATIF EN D'AUTRES CIRCONSTANCES

Le suffixe de lieu

Le suffixe **-ejo** après le radical d'un mot sert à indiquer un lieu.

lerni, *apprendre* → **la lernejo**, *l'école*
la ĉevalo, *le cheval* → **la ĉevalejo**, *l'écurie*
la herbo, *l'herbe* → **la herbejo**, *la prairie*

3 Formez un nom de lieu à partir du mot donné en gras et formez une phrase de déplacement avec ce nom sur le modèle « *... iras en la ...* ».

Exemple : **preĝi**, *prier* → **La kredantoj** (*les croyants*)
→ **La kredantoj iras en la preĝejon.**

a. manĝi, *manger* → **La gastoj** (*les invités*)

→ ....

b. labori, *travailler* → **La laboristo** (*l'ouvrier*)

→ ....

c. vendi, *vendre* → **La klientoj** (*les clients*)

→ ....

d. ministro, *ministre* → **La ministro**

→ ....

e. abelo, *abeille*

→ ....

f. ŝafo, *mouton*

→ ....

Les directions

la nordo	le nord	la okcidento	l'ouest
la sudo	le sud	la dekstro	la droite
la oriento	l'est	la maldekstro	la gauche

CHAPITRE 6 : UTILISER L'ACCUSATIF EN D'AUTRES CIRCONSTANCES

4 Ludoviko a perdu ses lunettes. Guidez-le dans le labyrinthe pour les retrouver en complétant les indications ci-dessous par *dekstren* ou *maldekstren*.

 **OKULVITROJ**

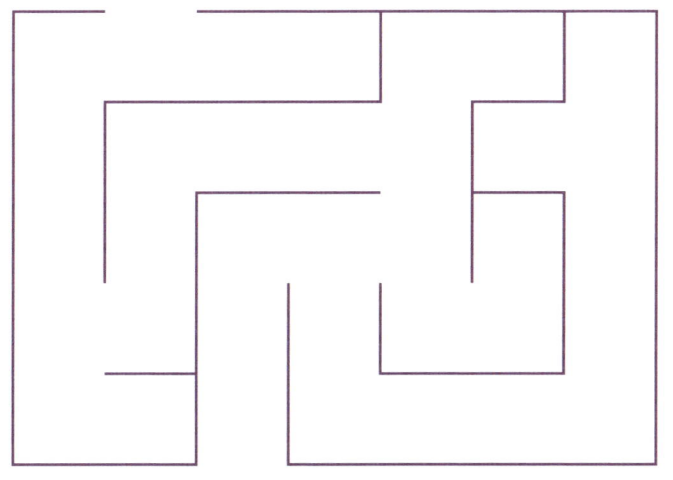

Ludoviko, iru ....,

kaj poste ....

Turnu tuj ....

Poste, turnu ....,

.... kaj

....

Fine, iru ....

kaj ....,

kaj vi trovos viajn okulvitrojn.

 **LUDOVIKO**

Les adverbes de lieu en -e

Dans la série des mots logiques (dont nous avons déjà vu les choses en **-o** et les individualités en **-u**), il y a cinq adverbes de lieu en **-e**. À la fin de ces adverbes en **-e**, on peut là aussi utiliser la terminaison **-n** de l'accusatif de direction pour distinguer le lieu où l'on va (avec la terminaison en **-en**) du lieu où l'on se trouve (sans l'accusatif **-n** à la fin).

ie, *quelque part*   **ĉie**, *partout*
kie, *où (pronom interrogatif ou relatif)*   **nenie**, *nulle part*
tie, *là(-bas), y*

Exemples :   **Kie vi estas?** → *Où êtes-vous ?*
Kien vi iras? → *Où allez-vous ?*

CHAPITRE 6 : UTILISER L'ACCUSATIF EN D'AUTRES CIRCONSTANCES

5 Complétez les pointillés avec l'accusatif de direction *-n* quand c'est nécessaire.

a. *Cet homme se trouve quelque part* → **Tiu homo troviĝas ie**....

b. *L'école où va mon fils est proche* → **La lernejo, kie** ... **iras mia filo, estas proksima.**

c. *Ils sont partis dans tous les sens* → **Ili foriris ĉie**....

d. *Où vous entraînez-vous pour le basket-ball ?* → **Kie**... **vi trejniĝas por korbopilko?**

e. *Ma sœur était à la maison* → **Mia fratino estis hejme**....

f. *Tu n'iras nulle part* → **Vi nenie**... **iros.**

g. *Maman, reste là-bas !* → **Panjo, restu tie**... **!**

h. *La lampe est tombée sur la couverture* → **La lampo falis sur la koverto**....

i. *Paul volera vers New York* → **Paŭlo flugos al Nov-Jorko**....

j. *Nina habite à Berlin* → **Nina loĝas en Berlino**....

k. *Ivan va en train à Moscou* → **Ivano veturas Moskvo**... **per trajno.**

6 Suivez les chemins emmêlés pour pouvoir répondre aux questions par des phrases.

Exemple : **Kien iras la infano? La infano iras en la necesejon.**

a. **Kien iras la virino?** ....
b. **Kien iras la viroj?** ....
c. **Kien iras la hundo?** ....
d. **Kien iras la instruisto?** ....

CHAPITRE 6 : UTILISER L'ACCUSATIF EN D'AUTRES CIRCONSTANCES

L'accusatif de temps

L'accusatif est parfois utilisé pour des indications de temps, par exemple une durée ou une date précise.

Exemples : **Ŝi restis du tagojn** → *Elle est restée deux jours.*
Ni venos merkredon → *Nous viendrons mercredi.*

Le temps qui passe

la jaro	l'année	la tagmezo	le midi
la sezono	la saison	la posttagmezo	l'après-midi
la monato	le mois	la vespero	la soirée
la semajno	la semaine	la nokto	la nuit
venonta	à venir, prochain(e)	la noktomezo	minuit
pasinta	passé(e)	la horo	l'heure
la tago	la journée	la minuto	la minute
la mateno	le matin	la sekundo	la seconde

 7 Dans les phrases ci-dessous, soulignez les indications de temps (à l'accusatif) et traduisez ces groupes nominaux soulignés.

a. Mia frato aĝas sep jarojn. → ....

b. Ĉiun matenon li kuras en la urbo. → ....

c. Mia bopatrino venos tiun semajnon. → ....

d. La akcidento okazis dimanĉon la trian de oktobro.
→ ....

e. La festivalo daŭras unu monaton. → ....

f. Monika tri longajn monatojn vojaĝis. → ....

CHAPITRE 6 : UTILISER L'ACCUSATIF EN D'AUTRES CIRCONSTANCES

8 Traduisez en espéranto.

a. *Il chantera la semaine prochaine.* → ....

b. *Elle est venue l'année passée.* → ....

c. *Le chat court chaque nuit.* → ....

d. *Reste deux minutes !* → ....

9 Complétez ces mots croisés à l'aide des définitions en espéranto.

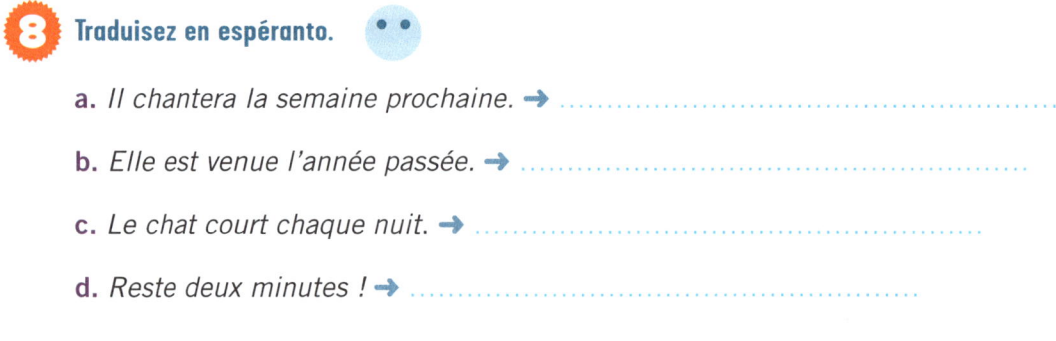

a. **7 tagoj**
b. **12 monatoj**
c. **30 aŭ 31 tagoj**
d. **60 sekundoj**
e. **24 horoj**
f. **60 minutoj**

L'accusatif de mesure

L'accusatif peut être utilisé pour diverses indications de mesures, par exemple la distance, la hauteur, le poids, le prix...

Exemples : **Li kuris cent metrojn** → *Il a couru cent mètres.*
La libro kostas sep eŭrojn → *Le livre coûte sept euros.*
Mi estas tri paŝojn de via domo → *Je suis à trois pas de votre maison.*

CHAPITRE 6 : UTILISER L'ACCUSATIF EN D'AUTRES CIRCONSTANCES

 Mettez à l'accusatif les indications de mesure (en ajoutant la terminaison *-n* seulement aux noms et aux adjectifs).

a. *Ça coûte six euros* → **Tio… kostas… ses… eŭroj….**

b. *La pièce est large de quatre mètres* → **La ĉambro… larĝas… kvar… metroj….**

c. *Mon père pèse quatre-vingts kilos* → **Mia… patro… pezas… okdek… kilogramoj….**

d. *Le mont Blanc est haut de presque cinq mille mètres* → **La… Blanka… Monto… altas… preskaŭ… kvinmil… metroj….**

e. *Les éléphants ont marché quelques kilomètres* → **La… elefantoj… kelkaj… kilometroj… paŝis….**

f. *Ce requin nage à un mètre en dessous de la surface de l'eau*
→ **Tiu… ŝarko… naĝas… unu… metro… sub… la… akvosurfaco….**

Les mesures

la metro	le mètre
la kilometro	le kilomètre
la centimetro	le centimètre
la kvadrata metro	le mètre carré
la kuba metro	le mètre cube
la gramo	le gramme

la kilogramo	le kilogramme
la litro	le litre
la mililitro	le millilitre

 Qui suis-je ? À partir de la définition ci-dessous, essayez de deviner de quoi il s'agit.

Mi pezas dek mil tunojn. Mi estas tri cent metrojn alta. Mi havas tri etaĝojn. Mi estis konstruita cent jarojn post la Franca Revolucio. Mi troviĝas en Parizo je kelkaj paŝoj de la rivero Sejno. Milionoj da personoj iras Parizon por viziti min.

Kiu mi estas ? Mi estas ……………………………………………………………………

CHAPITRE 6 : UTILISER L'ACCUSATIF EN D'AUTRES CIRCONSTANCES

L'accusatif pour remplacer les prépositions

Nous n'avons pas encore étudié les prépositions en détail, mais on peut déjà signaler qu'en espéranto, chaque préposition a un sens assez précis. Or, quand on ne sait pas vraiment quelle préposition utiliser (car aucune autre n'a un sens qui convient), on peut utiliser la préposition « joker » **je** de sens imprécis.
Exemples : **La infanoj ĝojas je Kristnasko ĉar ili kredas je Paĉjo Kristnasko.**
→ *Les enfants se réjouissent de Noël car ils croient au Père Noël.*

Par contre, si cela ne crée pas d'ambiguïté au niveau du sens (et s'il n'y a pas un autre groupe nominal à l'accusatif à côté), on peut remplacer une préposition en mettant tout le groupe nominal à l'accusatif.
Exemple : **Ni demandos al li pri lia opinio** → *Nous lui demanderons son avis.*

On peut également dire **Ni demandos lin pri lia opinio** ou **Ni demandos al li lian opinion**. Mais surtout pas **Ni demandos lin lian opinion** car deux accusatifs à la suite rendraient la phrase incompréhensible !

12 Remplacez les groupes nominaux précédés d'une préposition par des groupes nominaux à l'accusatif.

Exemple : **Ŝi ferios dum du semajnoj** → *Elle sera en vacances pendant deux semaines.*
→ **Ŝi ferios du semajnojn.**

a. **Mi veturas al Londono** → *Je suis en route vers Londres.*
→ ....

b. **Zorgu pri viaj aferoj!** → *Occupe-toi de tes affaires !*
→ ....

c. **La esploristo vojaĝis dum unu monato** → *L'explorateur a voyagé pendant un mois.*
→ ....

d. **La strato estas longa je mil metroj** → *La rue est longue de mille mètres.*
→ ....

Bravo, vous êtes venu(e) à bout du chapitre 6 !
Il est maintenant temps de comptabiliser les icônes et de reporter le résultat en page 128 pour l'évaluation finale.

7 Former la négation

La négation

L'adverbe de négation le plus utilisé est **ne** qui signifie à la fois *non* et *ne… pas*.
Exemple : **Ne, li ne venos morgaŭ** → *Non, il ne viendra pas demain.*

Contrairement au français où la négation est normalement en deux morceaux (*ne* et ensuite *pas*, le plus souvent), on n'utilise qu'un seul mot de négation en espéranto.

L'adverbe de négation **ne** se place juste avant le mot sur lequel porte la négation : ce sera généralement le verbe, mais si on le place avant un autre mot de la phrase, cela changera le sens de cette phrase.
Ne li venos morgaŭ → *Ce n'est pas lui qui viendra demain.*
Li venos ne morgaŭ → *Il viendra, mais pas demain.*

1 Mettez ces phrases à la forme négative.

a. Mi kuras. → ....

b. Paŭlo vojaĝis pasintan monaton. → ....

c. Manĝu rapide! → ....

d. La ŝtelisto estis kaptita de la polico. → ....

2 Placez l'adverbe de négation *ne* devant le mot qui est nié pour bien correspondre à la traduction.

a. Le singe ne sautera pas sur l'arbre → ..... la ..... simio ..... saltos ..... sur ..... la ..... arbon.

b. Ce n'est pas sa sœur qui a mangé le gâteau → ..... lia ..... fratino ..... manĝis ..... la ..... kukon.

c. Ce n'est pas moi le coupable → ..... mi ..... kulpas.

d. Les chiens n'aiment pas les chats → ..... hundoj ..... ŝatas ..... katojn.

e. Ce n'est pas le bon voleur qu'ils ont attrapé → ..... ili ..... kaptis ..... la ..... bonan ..... ŝteliston.

f. Vous êtes venus, mais pas la semaine dernière → ..... pasintan ..... semajnon ..... vi ..... venis.

CHAPITRE 7 : FORMER LA NÉGATION

Les environnements

la kamparo	la campagne		
la montaro	la montagne		
la urbo	la ville	la lago	le lac
la vilaĝo	le village	la plaĝo	la plage
la maro	la mer	la dezerto	le désert
la oceano	l'océan	la arbaro	la forêt
la rivero	la rivière	la ĝangalo	la jungle

Le suffixe de groupe

Le suffixe **-ar-** indique un groupe ou un ensemble de choses du même type.
arbo, *un arbre* ➜ **arbaro**, *une forêt*
bovo, *un bœuf* ➜ **bovaro**, *un troupeau de bœufs*

3 Complétez le tableau.

la kampo	le champ	la kamparo	la campagne
la vagono	le wagon	la vagonaro	a. ....
b.	l'être humain	la homaro	l'humanité
la ŝtupo	la marche	c.	l'escalier
la haro	le cheveu	la hararo	d. ....
la vorto	le mot	e.	le dictionnaire
la klavo	f.	la klavaro	le clavier

CHAPITRE 7 : FORMER LA NÉGATION

4 Traduisez en français.

a. Ni ne naĝos en la rivero. → ....

b. Ne en vilaĝo loĝas ŝi. → ....

c. Tie ne estas ĝangalo. → ....

d. Ne vi iros al montaro. → ....

e. Mi ne trovis tiun vorton en la vortaro.

→ ....

f. Li ne ŝin amas. → ....

La conjonction de coordination *nek*

La conjonction **nek** a le même sens et à peu près la même utilisation que notre conjonction *ni*. On emploie **nek** dans une phrase où on a déjà utilisé **ne** en première partie de phrase, ou bien sous la forme répétée **nek... nek...**, *ni... ni...*
    Mi ne renkontis lin, nek lian fraton → *Je ne l'ai pas rencontré, ni son frère* (et pas son frère non plus).
    Ŝi trinkas nek kafon nek teon → *Elle ne boit ni café ni thé.*

5 Traduisez en espéranto.

a. Je n'habite ni en ville ni à la campagne.

→ ....

b. Ni mon père ni mon oncle ne viendra.

→ ....

c. Ce n'est pas un troupeau de bœufs qu'il a vu.

→ ....

d. Mon chat n'aime pas les chiens, ni les souris.

→ ....

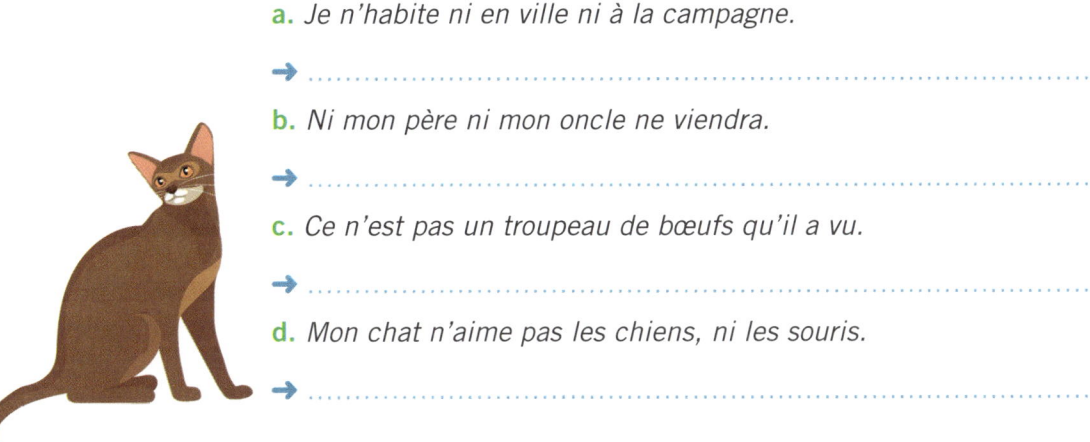

CHAPITRE 7 : FORMER LA NÉGATION

Les autres adverbes, pronoms et adjectifs négatifs

Dans la série des mots logiques, il y en a qui commencent par **neni-** et qui servent de mots de négation.

Certains sont des pronoms négatifs : **nenio(n)**, *rien* ; **neniu(n)**, *personne* ; **nenies**, *de personne*.

Il y a aussi des adjectifs négatifs : **nenia(j)(n)**, *d'aucune sorte* ; **neniu(n)**, *aucun*.

Les autres mots en **neni-** sont des adverbes négatifs : **nenie(n)**, *nulle part* ; **neniam**, *jamais* ; **neniel**, *nullement, en aucune façon* ; **nenial**, *pour aucune raison* ; **neniom**, *en rien*.

Un seul mot en **neni-** rend toute la phrase négative : il ne faut donc pas ajouter un deuxième mot de négation, contrairement au français, car une double négation en espéranto aurait un sens positif.
Mi vidas neniun → *Je ne vois personne.*
Mi ne vidas neniun → *Je ne vois pas personne* (c'est-à-dire : je vois quelqu'un).

 Choisissez le bon mot négatif pour chaque phrase.

a. [**Nenion** / **Nenien** / **Neniun**] amikon havas mi. *Je n'ai aucun ami.*

b. Li [**neniam** / **neniom** / **nenien**] havas problemojn. *Il n'a jamais de problèmes.*

c. [**Neniu** / **Nenio** / **Neniel**] pli gravas ol ripozo. *Rien n'est plus important que le repos.*

d. [**Neniam** / **Nenial** / **Nenie**] ŝi revenos tien. *Pour rien au monde elle ne reviendra là-bas.*

e. Ĝi estas [**neniu** / **neniel** / **nenies**] domo. *Ce n'est la maison de personne.*

f. Ni bezonas [**nenian** / **neniam** / **nenion**] helpon. *Nous n'avons besoin d'aucune aide que ce soit.*

CHAPITRE 7 : FORMER LA NÉGATION

Les éléments et les matières

la tero	la terre	la metalo	le métal	la plasto	le plastique
la fajro	le feu	la fero	le fer	la papero	le papier
la aero	l'air	la oro	l'or	la ŝtofo	le tissu
la gaso	le gaz	la ligno	le bois	la lano	la laine
la likvo	le liquide	la vitro	le verre		

7 Complétez avec le mot de négation qui convient.

a. Personne ne se promène sur la plage → .... **promenas sur la plaĝo.**

b. Le fer n'est pas liquide → **Fero** .... **estas likva.**

c. Ils ne trouveront jamais d'or dans cette montagne
→ **Ili** .... **trovos oron en tiu montaro.**

d. J'ai cherché mon papier dans la forêt, mais je ne l'ai trouvé nulle part
→ **Mi serĉis mian paperon en la arbaro, sed mi** .... **trovis ĝin.**

e. Ni l'eau ni la terre ne peut détruire le plastique
→ .... **akvo** .... **tero povas detrui plaston.**

Quelques préfixes à ne pas confondre

Le mot **ne** peut parfois être utilisé comme préfixe pour indiquer l'absence ou le manque de quelque chose.
Exemples : **nelonge**, *pas longtemps* ; **nefumanto**, *un non-fumeur* ; **nefermita**, *pas fermé(e)* ; **nekomprenebla**, *incompréhensible* ; **nefarebla**, *infaisable*.

Mais ce préfixe **ne-** n'indique pas tout à fait le contraire, car le mot de sens absolument contraire est indiqué par le préfixe **mal-**.
    malfermita, *ouvert(e)*
    feliĉa, *heureux, heureuse* → **malfeliĉa**, *malheureux, malheureuse*

Toutefois, le préfixe **mal-** peut parfois être un faux ami pour les francophones car il indique seulement le contraire, sans idée de « mal ». Pour indiquer une erreur ou une action mal faite en espéranto, on utilisera alors le préfixe **mis-**.
    misfermita, *mal fermé(e)*
    aventuro, *une aventure* → **misaventuro**, *une mésaventure*

CHAPITRE 7 : FORMER LA NÉGATION

8 Traduisez en français le mot obtenu avec le préfixe.

a. **kredebla**, *croyable*   **nekredebla** ....
b. **ami**, *aimer*   **malami** ....
c. **fido**, *la confiance*   **misfido** ....
d. **kalkulo**, *un calcul*   **miskalkulo** ....
e. **supre**, *en haut*   **malsupre** ....
f. **trakti**, *traiter*   **mistrakti** ....
g. **longe**, *longtemps*   **nelonge** ....
h. **bona**, *bon*   **malbona** ....
i. **paŝo**, *un pas*   **mispaŝo** ....
j. **helpi**, *aider*   **malhelpi** ....

9 Choisissez le préfixe qui convient : *ne-*, *mal-* ou *mis-*.

a. *ne pas faire* → ....**fari**   g. *vieux, vieille* → ....**juna**
b. *mal faire, rater* → ....**fari**   h. *illisible* → ....**legebla**
c. *défaire* → ....**fari**   i. *un malentendu* → ....**kompreno**
d. *inutile* → ....**utila**   j. *froid(e)* → ....**varma**
e. *nuisible* → ....**utila**   k. *abuser, mal utiliser* → ....**uzi**
f. *petit(e)* → ....**granda**   l. *le désespoir* → la ....**espero**

Bravo, vous êtes venu(e) à bout du chapitre 7 !
Il est maintenant temps de comptabiliser les icônes et de reporter le résultat en page 128 pour l'évaluation finale.

8
Poser des questions

Les questions fermées

Une question fermée est une question à laquelle on ne peut répondre que par « oui » ou par « non ».

Pour former une question fermée en espéranto, on place tout simplement le mot **ĉu**, *est-ce que*, en début de phrase et on met un point d'interrogation à la fin de la phrase interrogative.

Les réponses possibles seront alors soit **jes**, *oui* soit **ne**, *non*.
Exemple :
    Ĉu vi aŭskultis? → *As-tu écouté ?*
    Jes, mi aŭskultis → *Oui, j'ai écouté.*
    Ne, mi ne aŭskultis ĉar mi revis → *Non, je n'ai pas écouté car je rêvais.*

1 Transformez les phrases suivantes en questions.

a. **Vi spektas filmon.** *Vous regardez un film.*
→ ....

b. **La hundino nutras siajn bebojn.** *La chienne nourrit ses bébés.*
→ ....

c. **Via teo estis malvarma.** *Ton thé était froid.*
→ ....

d. **Sunos venontan semajnon.** *Il y aura du soleil la semaine prochaine.*
→ ....

CHAPITRE 8 : POSER DES QUESTIONS

Les sensations

vidi	voir
aŭdi	entendre
tuŝi	toucher
flari	sentir, renifler
gustumi	goûter (quelque chose)

la gusto	le goût
bela	beau, belle
laŭta	sonore, fort (pour un son)
la bruo	le bruit
la voĉo	la voix

agrabla	agréable
varma	chaud
la odoro	l'odeur
bona	bon, bonne
dolĉa	doux, sucré

2 Traduisez en espéranto.

a. Est-ce qu'elle viendra ? → ....

b. Est-ce que le café est chaud ? → ....

c. Est-ce que Leo est votre ami ? → ....

d. Est-ce que tu m'entends ? → ....

e. Est-ce que cette fleur a une bonne odeur ?

→ ....

f. Est-ce que la musique est forte ? → ....

3 Complétez les réponses à ces questions par des phrases complètes : pour cela, reprenez les mots de la question, et si c'est une réponse négative complétez à l'aide du mot *sed*, *mais* et de l'indication donnée entre crochets (à l'accusatif si nécessaire), comme dans l'exemple.

Exemple : **Ĉu vi vidis Petron? [lia frato]** → **Ne, mi vidis ne Petron, sed lian fraton.**

a. **Ĉu Flora ŝatas muzikon?** → **Jes,** ....

b. **Ĉu ili gustumis la pomojn? [la pirojn]** → **Ne,** ....

c. **Ĉu via glaciaĵo estas malvarma?**

→ **Jes,** ....

d. **Ĉu tiu supo estas bongusta? [malbongusta]**

→ **Ne,** ....

CHAPITRE 8 : POSER DES QUESTIONS

Les autres mots interrogatifs

Pour poser des questions ouvertes (celles auxquelles on répond autrement que par « oui » ou « non »), on utilisera les « mots logiques » qui commencent par **ki-**. Ces mots en **ki-** servent de mots interrogatifs, mais aussi parfois de mots exclamatifs ou de pronoms relatifs.

kiu(j)(n), *qui ? quel(le) ? lequel ? laquelle ? que...*
kio(n), *quoi ? que ? qu' ?*
kia(j)(n), *quel genre / quelle sorte de ? quel(le) !*
kie, *où ?*
kien, *(vers) où ?*

kiam, *quand ?*
kiel, *comment ? de quelle manière ? comme...*
kial, *pourquoi ?*
kiom, *combien ? (autant) que...*
kies, *de qui ? dont...*

Exemples :
Kia estas la vetero? → *Comment est le temps ?*
Kiu konas la personon, kiun mi amas? → *Qui connaît la personne que j'aime ?*
Kia plezuro renkonti personon, kiel vi! → *Quel plaisir de rencontrer une personne comme toi !*

4 Traduisez en français.

a. **Kiu estas la viro, kiu venis hieraŭ?**
→ ....

b. **Kion ili manĝas?** → ....

c. **Kian guston vi preferas por via glaciaĵo?**
→ ....

d. **Kie estas la Monto Fuĵi?** → ....

e. **Kiel ŝi venos al la lernejo?** → ....

f. **Kial vi tuŝas tion?** → ....

g. **Kiom kostas la oranĝoj?** → ....

h. **Kies filo vi estas?** → ....

CHAPITRE 8 : POSER DES QUESTIONS

5 Reliez chaque question à la réponse qui convient.

a. Kiam venos ilia onklo? • • 1. Mi konas lian fratinon.
b. Kien iras tiu trajno? • • 2. Ŝi aĝas dek jarojn.
c. Kiun vi konas? • • 3. Li venos venontan monaton.
d. Kio estas tio? • • 4. Ĝi estas sub la lito.
e. Kie estas la kato? • • 5. Ĝi iras Budapeŝton.
f. Kiom aĝas via filino? • • 6. Tio estas frukto.

6 Rédigez les questions qui correspondent à chacune de ces réponses.

a. .... ?

Réponse : **Mi laboris hieraŭ.**

b. .... ?

Réponse : **Li ne dancas ĉar li ne ŝatas danci.**

c. .... ?

Réponse : **Jes, tiu domo estas nova.**

d. .... ?

Réponse : **La floro estas blanka.**

e. .... ?

Réponse : **Ni promenas en la parko.**

Le corps

la korpo	le corps	la mano	la main		
la piedo	le pied	la fingro	le doigt	la nazo	le nez
la kruro	la jambe	la kolo	le cou	la okulo	l'œil
la ventro	le ventre	la kapo	la tête	la orelo	l'oreille
la brusto	la poitrine	la vizaĝo	le visage	la frunto	le front
la dorso	le dos	la buŝo	la bouche	la haroj	les cheveux, les poils
la ŝultro	l'épaule	la lango	la langue		
la brako	le bras	la vango	la joue	la haŭto	la peau

CHAPITRE 8 : POSER DES QUESTIONS

7 Complétez les légendes de ce dessin.

a. ....

b. ....

c. ....

d. ....

e. ....

f. ....

g. ....

h. ....

i. ....

j. ....

k. ....

l. ....

m. ....

8 Répondez aux questions suivantes sur les cinq sens en vous aidant de l'exemple.

Exemple : **Kiel oni tuŝas? Oni tuŝas per la haŭto.**

a. **Kiel oni vidas?** ....

b. **Kiel oni aŭdas?** ....

c. **Kiel oni flaras?** ....

d. **Kiel oni gustumas?** ....

CHAPITRE 8 : POSER DES QUESTIONS

L'interrogation indirecte

Pour former une interrogation indirecte, on garde les mêmes mots que dans la question à la forme directe, mais on remplace simplement le point d'interrogation par un point (et le mot interrogatif est précédé d'une virgule).
Li demandas: « Kiam ŝi venos? » → *Il demande : « Quand viendra-t-elle ? »* (interrogation directe)
Li demandas, kiam ŝi venos. → *Il demande quand elle viendra.* (interrogation indirecte)

En français, pour les questions fermées, l'expression « est-ce que » devient « si » dans une interrogation indirecte. Mais en espéranto, c'est plus simple car cela reste toujours le mot interrogatif **ĉu**.
Mi demandas: « Ĉu vi malsatas? » → *Je demande : « Est-ce que tu as faim ? »* (interrogation directe)
Mi demandas, ĉu vi malsatas. → *Je demande si tu as faim.* (interrogation indirecte)

9 Transformez ces questions en interrogations indirectes.

a. Ŝi demandas: « Kiun vi amas? ». ....
b. Mi volas scii: « Ĉu vi amas min? ». ....
c. Ili demandis: « Kial oni vivas? ». ....
d. Ni ne scias: « Kie estis nia amiko? ».
....
e. La instruisto demandas: « Kiom estas 1+1? ».
....
f. Tiu demandas al ni: « Ĉu vi dancos? ».
....

10 Choisissez le bon mot interrogatif pour chaque phrase.

a. [Kia / Kiam / Kial] pluvos? *Quand pleuvra-t-il ?*
b. Li bezonas scii, [kiel / kien / kie] estas lia kravato.
 Il a besoin de savoir où est sa cravate.
c. Ŝi demandas, [se / ĉu / kiel] la mantelo estas sufiĉe varma.
 Elle demande si le manteau est assez chaud.
d. [Ĉu / Kiun / Kion] vi faras? *Que faites-vous ?*
e. Johano ne scias, [ĉu / kie / kial] lia patro estas tie. *Jean ne sait pas si son père est là.*
f. Ili demandas, [kies / kiel / kial] li venis. *Elles demandent comment il est venu.*

CHAPITRE 8 : POSER DES QUESTIONS

Les propositions subordonnées relatives

Les mots interrogatifs en **ki-** peuvent être utilisés comme pronoms relatifs dans des propositions subordonnées relatives.
Exemples :
Ŝi ŝatas la ĉevalojn, kiuj havas brunan kolhararon
➜ *Elle aime les chevaux qui ont une crinière brune.*
La knabino, kiun vi vidas, estas mia koramikino
➜ *La fille que tu vois est ma petite amie.*
Mi renkontis verkiston, kies ĉiuj libroj havis sukceson
➜ *J'ai rencontré un auteur dont tous les livres ont eu du succès.*
Ni konas la parkon, kien ili iras
➜ *Nous connaissons le parc où ils vont.*

II Complétez ces phrases avec le pronom relatif qui convient (en ajoutant si besoin la terminaison **-n**).

a. *La maison où vous dormez est grande* ➜ **La domo,** ……… **vi dormas, estas granda.**
b. *Ce n'est pas ce que tu penses* ➜ **Tio ne estas,** ……… **vi pensas.**
c. *L'homme qui s'appelle Robert est mon père* ➜ **La viro,** ……… **nomiĝas Roberto, estas mia patro.**
d. *J'aime la fleur que tu tiens dans ta main* ➜ **Mi ŝatas la floron,** ……… **vi tenas en via mano.**
e. *La fille dont la jambe est cassée a eu un accident* ➜ **La knabino,** ……… **kruro estas rompita, havis akcidenton.**
f. *La personne à qui nous parlions est notre professeur* ➜ **La persono, al** ……… **ni parolis, estas nia profesoro.**

Les habits

la ŝuoj	les chaussures	la kalsono	le caleçon
la ŝtrumpoj	les bas	la kalsoneto	la culotte, le slip
la ŝtrumpetoj	les chaussettes	la zono	la ceinture
la pantalono	le pantalon	la mamzono	le soutien-gorge
la jupo	la jupe	la ĉemizo	la chemise
la robo	la robe	la t-ĉemizo	le tee-shirt

CHAPITRE 8 : POSER DES QUESTIONS

la pulovero	le pull-over	la vesto	l'habit
la gantoj	les gants	la jako	la veste
la kravato	la cravate	la mantelo	le manteau
la tuko	le linge	la ĉapo	le bonnet
la koltuko	l'écharpe	la ĉapelo	le chapeau
la naztuko	le mouchoir	la kaskedo	la casquette

12 Reliez les parties du corps au vêtement correspondant.

a. la kapo •   • 1. la ŝuoj
b. la kolo •   • 2. la ĉapelo
c. la manoj •   • 3. la pantalono
d. la piedoj •   • 4. la gantoj
e. la brusto •   • 5. la koltuko
f. la kruroj •   • 6. la mamzono

13 Remettez les répliques du dialogue ci-dessous dans le bon ordre pour donner un sens à cette petite histoire.

a. – Ne, ne pluvas hodiaŭ. Sed kial vi demandas tion?
b. – Rigardu sub vian piedon. Kio estas tio?
c. – Mi fartas bone, dankon. Diru al mi, ĉu pluvas hodiaŭ?
d. – Tio estas kalsono. Sed kies kalsono estas?
e. – Mi iras tien per miaj piedoj. Sed rigardu tien!
f. – Saluton, mia amiko! Kiel vi fartas?
g. – Ho! Estas la mia, mi forgesis meti ĝin... Kia honto! Adiaŭ!
h. – Kien mi rigardu?
i. – Ĉar vi metis longan mantelon. Kaj kiel vi iras al laboro?

Ordre logique du dialogue : ....

Bravo, vous êtes venu(e) à bout du chapitre 8 !
Il est maintenant temps de comptabiliser les icônes et de reporter le résultat en page 128 pour l'évaluation finale.

9 Compter jusqu'à l'infini

Les chiffres et les nombres

Pour compter jusqu'à l'infini, il suffit de connaître seulement 15 mots que vous pouvez ensuite combiner entre eux pour former tous les nombres.

Voici d'abord les chiffres de 0 à 9 :
nul, *0* **du**, *2* **kvar**, *4* **ses**, *6* **ok**, *8*
unu, *1* **tri**, *3* **kvin**, *5* **sep**, *7* **naŭ**, *9*

En utilisant ensuite le **dek**, *10* vous pouvez former tous les nombres jusqu'à 99 : on forme les dizaines en les multipliant juste avant, et après on rajoute les unités.
dek unu, *11* **dek naŭ**, *19* **dudek unu**, *21* **okdek**, *80*
dek du, *12* **dudek**, *20* **tridek kvin**, *35* **naŭdek naŭ**, *99*

On arrive ensuite à **cent**, *100* où on multipliera les centaines, et de même avec **mil**, *1 000* pour les milliers.
cent du, *102* **mil kvincent**, *1 500*
cent dudek ok, *128* **dumil dudek unu**, *2 021*
kvarcent kvindek, *450* **dek kvar mil tri**, *14 003*
naŭcent naŭdek naŭ, *999* **ducent sesdek kvin mil**, *265 000*

Enfin, il y a **miliono**, *million* et **miliardo**, *milliard* : ce sont cette fois-ci des noms en **-o** qui prennent la marque du pluriel **-j** quand ils sont multipliés.
unu miliono, *1 000 000* **du milionoj**, *2 000 000*
dekkvin miliardoj, *15 000 000 000*

❶ *Kiom da ŝafoj estas?* Comptons les moutons pour nous endormir en indiquant à chaque fois leur nombre en espéranto écrit en toutes lettres.

a. (1 mouton) .... ŝafo

b. (4 moutons) .... ŝafoj

c. (7 moutons) .... ŝafoj

d. (13 moutons) .... ŝafoj

e. (25 moutons) .... ŝafoj

CHAPITRE 9 : COMPTER JUSQU'À L'INFINI

2 Barrez les chiffres non nécessaires de façon à former les nombres indiqués.

Exemple : **ducent dekkvin**   ~~1~~ ~~4~~ 2 ~~5~~ ~~3~~ 1 ~~7~~ 5

a. **okdek ses**   2 8 4 1 6 8 0 7

b. **cent kvardek kvar**   1 9 0 4 5 8 2 4

c. **trimil ducent unu**   6 9 3 2 3 0 1 8

d. **kvincent sesdek du**   7 9 5 1 0 6 1 2

Les opérations mathématiques

+ **plus** (ou **kaj**)

- **minus**

× **multiplikite per...** (ou **-oble**)

÷ **dividite per...**

= **faras** (ou **estas**)

2 + 2 = 4   du kaj du faras kvar

3 × 5 = 15   trioble kvin estas dekkvin

3 Classez les nombres écrits ci-dessous en toutes lettres dans l'ordre décroissant (du plus grand au plus petit).

a. **naŭdek kvin**

b. **nul**

c. **okmil**

d. **dek du**

e. **dudek**

f. **tricent kvardek sep**

.... > .... > .... > .... > .... > ....

4 Carré magique : complétez cette grille pour que la somme des quatre nombres (en colonne, en ligne et sur les deux grandes diagonales) fasse toujours *cent*, *100*.

dek			dek ses
	dudek	dudek du	
dudek kvar			dek ok
tridek kvar		dek du	

CHAPITRE 9 : COMPTER JUSQU'À L'INFINI

Les adverbes de quantité en -om

Parmi les mots logiques, il y a cinq mots en **-om** qui donnent des informations sur la quantité. Ils sont souvent suivis de la préposition de mesure ou de quantité **da** (après laquelle on ne met jamais d'accusatif).

iom, *un peu*
tiom, *tant, autant, tellement*
neniom, *rien du tout, aucune quantité*
kiom, *combien*
ĉiom, *le tout, en tout*

Exemple : **Ŝi trinkas iom da teo, sed ŝi manĝas tiom da kukoj, kiom ŝi povas**
→ *Elle boit un peu de thé, mais elle mange autant de gâteaux qu'elle le peut.*

5 Répondez aux questions sur le prix de ces objets en écrivant le prix en toutes lettres et en mettant à l'accusatif le mot *eŭro(j)*.

1 €   2 €   14 €   235 500 €

a. **Kiom kostas unu pomo?** ....
b. **Kiom kostas du ananasoj?** ....
c. **Kiom kostas la libro?** ....
d. **Kiom kostas tiu domo?** ....

6 Traduisez les phrases suivantes en espéranto, avec les nombres écrits en toutes lettres.

a. *J'ai 350 amis sur (dans) Facebook.*

....

b. *Est-ce que tu as autant d'amis ?*

....

c. *Quel âge (combien d'années) avez-vous ?*

....

d. *Nous avons vécu là-bas six ans.*

....

e. *Mon père a lu 128 livres.*

....

f. *L'eau est un peu froide.*

....

CHAPITRE 9 : COMPTER JUSQU'À L'INFINI

Les nombres ordinaux et les autres dérivés

Les nombres peuvent être dérivés suivant les règles grammaticales de base de l'espéranto.

- Ainsi, pour former les adjectifs ordinaux, on rajoute le **-a** des adjectifs à la fin du nombre (et si le nombre est écrit en chiffres arabes, on rajoutera seulement le **a** après le chiffre avec éventuellement un tiret entre les deux, comme pour **1a** ou **1-a**, *1er*).
  unua, *premier* ; **dua**, *deuxième* ; **tria**, *troisième* ; **dekkvina**, *quinzième* ; **cent deka**, *cent dizième*

On utilise d'ailleurs ces nombres ordinaux pour les siècles (comme en français), mais aussi pour les titres auxquels on rajoute **la** suivi de l'adjectif ordinal.
Ludoviko la XVI-a (deksesa) vivis dum la XVIII-a (dekoka) jarcento → *Louis XVI a vécu pendant le XVIIIe siècle.*

- On forme les adverbes ordinaux à l'aide de la terminaison **-e** des adverbes.
  unue, *primo, premièrement, d'abord* ; **due**, *secundo, deuxièmement* ; **trie**, *tertio, troisièmement*

- Si on ajoute la terminaison **-o**, on forme le nom correspondant au nombre concerné.
  unuo, *une unité* ; **duo**, *une paire* ; **dekduo**, *une douzaine* ; **cento**, *une centaine* ; **miloj**, *des milliers*

- Le suffixe **-op-** indique un groupe d'un certain nombre de membres.
  unuopo, *un solo* ; **unuope**, *individuellement* ; **duopo**, *un duo* ; **kvaropo**, *un quatuor*

- Le suffixe **-obl-** sert à multiplier, tandis que le suffixe **-on-** sert à diviser ou indiquer une fraction.
  duobla, *double* ; **triobla**, *triple* ; **dekoble**, *en décuplant* ; **la centoblo**, *le centuple*
  duona, *demi* ; **la duono**, *la moitié* ; **la triono**, *le tiers* ; **tri kvaronoj**, *3/4* ; **unu dekono**, *1/10*

7 *Kiu estis la unua ?* Bernardo, Enzo, Johano et Alberto ont fait la course. Indiquez le classement de chacun de ces coureurs en faisant une phrase complète.

CHAPITRE 9 : COMPTER JUSQU'À L'INFINI

a. **Alberto estis la** ....

b. **Enzo** ....

c. ....

d. ....

> ### La préposition « *po* »
>
> La préposition **po**, *à raison de* indique la distribution d'une quantité, mais son usage est un peu délicat car assez différent du français.
> Exemples :
> **La lernantoj venis po tri** ➜ *Les élèves sont venus par groupes de trois (3 par 3).*
> **La gastoj trinkis vinon po du glasoj** ➜ *Les invités ont bu chacun deux verres de vin.*
> **La infanoj ricevis pomojn po kvin** ➜ *Les enfants ont reçu cinq pommes chacun.*

8 Traduisez en français.

a. **Ili estos la unuaj.** ➜ ....

b. **Johano-Paŭlo la dua estis papo de la XX-a jarcento.**

➜ ....

c. **La infanoj manĝas jogurtojn po du.**

➜ ....

d. **Kun mia triopo, ni ludas dekojn da muzikoj.**

➜ ....

e. **Kun iom da ŝanco, vi ricevos la duoblon.**

➜ ....

f. **Sepoble kvar estas dudek ok.** ➜ ....

g. **Vi legis du trionojn de la libro.** ➜ ....

h. **Unue, ni studu la Francan Revolucion de mil sepcent okdek naŭ.**

➜ ....

71

CHAPITRE 9 : COMPTER JUSQU'À L'INFINI

Les adverbes de temps en -am

Toujours sur le modèle logique, il existe cinq adverbes de temps en **-am**.

iam, *un jour, une fois, autrefois*
kiam, *quand, lorsque*
tiam, *alors, à ce moment-là*
ĉiam, *toujours, tout le temps*
neniam, *ne… jamais*

Exemples : **Kiam vi venos? – Iam** ➜ *Quand viendrez-vous ? – Un jour.*
Ili ĉiam respondas « neniam » ➜ *Ils répondent toujours « jamais ».*

9 Retrouvez quelles sont ces paroles de chansons francophones traduites en espéranto.

a. **Iam mia princo venos…** (Blanche-Neige)
➜ ....

b. **Diru, kiam revenos vi?** (Barbara)
➜ ....

c. **Tiam oni dancu!** (Stromae)
➜ ....

d. **[Ni estas] vestitaj, kiel neniam [antaŭe].** (Maître Gims)
➜ ....

e. **[Vi diras] ankoraŭ vortojn, ĉiam vortojn, la samajn vortojn…** (Dalida)
➜ ....

f. **Neniam oni vidis, neniam oni vidos la familion Testudon kuri post la ratoj.** (comptine)
➜ ....

Les saisons

la printempo	le printemps
la somero	l'été
la aŭtuno	l'automne
la vintro	l'hiver

CHAPITRE 9 : COMPTER JUSQU'À L'INFINI

 Quelle saison correspond à chaque description météorologique ? Répondez aux questions.

a. **Kiam neĝas kaj malvarmas?**   Tio estas dum ....

b. **Kiam sunas kaj varmas?**   ....

c. **Kiam falas folioj kaj pluvas?**   ....

d. **Kiam plantoj kreskas kaj bestoj ekamas?**   ....

La date et l'heure

Pour indiquer une date, on donne juste l'adjectif ordinal car le nom **tago**, *jour* est sous-entendu, puis on place toujours la préposition **de** entre le jour et le mois. Une date est le plus souvent indiquée avec l'accusatif de temps (ou parfois avec une préposition).

Voici deux exemples possibles d'une date qui concerne l'auteur de la langue espéranto :
La Doktoro Zamenhof naskiĝis en la 15-a (tago) de decembro mil okcent kvindek naŭ.

ou sous la forme abrégée la plus fréquente :
La D-ro Zamenhof naskiĝis la 15-an de decembro 1859
➜ *Le Dr Zamenhof est né le 15 décembre 1859.*

Pour indiquer l'heure, là aussi on n'utilisera que l'adjectif ordinal car le nom **horo**, *heure* est sous-entendu. Pour les minutes, on ajoute généralement la conjonction **kaj**, *et* (et le mot **minutoj**, *minutes* peut parfois être sous-entendu) ; mais on peut aussi utiliser les prépositions **antaŭ**, *avant* et **post**, *après* placées avant l'heure.

Kioma horo estas? ➜ *Quelle (combientième) heure est-il ?*
Estas la tria (horo) ➜ *Il est 3 heures (c'est la troisième heure).*
Estas la 3-a kaj dek (minutoj) ➜ *Il est 3 h 10.*
Estas la deksesa kaj duono ➜ *Il est 16 h 30.*
Estas kvarono post la dekunua ➜ *Il est onze heures et quart.*
Estas kvin minutoj antaŭ la sepa. ➜ *Il est sept heures moins cinq.*

La préposition utilisée pour indiquer l'heure précise d'un événement est la préposition passe-partout **je**.
Kiam vi venos? Mi venos mardon la 2-an de majo je la 9-a
➜ *Quand viendras-tu ? Je viendrai mardi 2 mai à 9 heures.*

CHAPITRE 9 : COMPTER JUSQU'À L'INFINI

11 Vous êtes dans un hôtel et vous vous renseignez sur les heures des repas et de l'extinction des feux. Répondez aux questions en toutes lettres en vous aidant de l'heure indiquée.

a. `08:00` Kiam oni matenmanĝas? Oni matenmanĝas je ....

b. `12:30` Kiam oni tagmanĝas? ....

c. `19:15` Kiam oni vespermanĝas? ....

d. `23:55` Kiam oni dormas? ....

Les jours de la semaine et les mois

lundo	*lundi*	**januaro**	*janvier*		
mardo	*mardi*	**februaro**	*février*		
merkredo	*mercredi*	**marto**	*mars*	**aŭgusto**	*août*
jaŭdo	*jeudi*	**aprilo**	*avril*	**septembro**	*septembre*
vendredo	*vendredi*	**majo**	*mai*	**oktobro**	*octobre*
sabato	*samedi*	**junio**	*juin*	**novembro**	*novembre*
dimanĉo	*dimanche*	**julio**	*juillet*	**decembro**	*décembre*

12 Traduisez en espéranto.

a. *Quand a vécu François Ier ?*

→ ....

b. *Elle boit toujours un café double.*

→ ....

c. *Premièrement, regarde les centaines !*

→ ....

CHAPITRE 9 : COMPTER JUSQU'À L'INFINI

d. *Il n'a jamais été le troisième.*

→ ....

e. *Demain, ce sera le 14 janvier.*

→ ....

f. *Je suis venue à 10 h 15.*

→ ....

 Retrouvez les 12 mois de l'année et les sept jours de la semaine cachés dans tous les sens dans cette grille. Avec les lettres restantes, vous pourrez former le nom d'une fête.

S	M	A	L	M	O	T	A	B	A	S
J	A	N	U	A	R	O	J	A	M	E
N	R	K	N	R	B	Ĉ	N	Ŭ	F	P
V	T	Ĵ	D	D	O	N	O	G	E	T
E	O	A	O	O	T	A	V	U	B	E
N	I	Ŭ	P	T	K	M	E	S	R	M
D	L	D	S	R	O	I	M	T	U	B
E	U	O	I	L	I	D	B	O	A	R
R	J	U	N	I	O	L	R	V	R	O
D	E	C	E	M	B	R	O	E	O	S
O	D	E	R	K	R	E	M	T	R	O

Fête cachée

Bravo, vous êtes venu(e) à bout du chapitre 9 !
Il est maintenant temps de comptabiliser les icônes et de reporter le résultat en page 128 pour l'évaluation finale.

75

Décrire et comparer avec les adjectifs

Définition et accord

Un adjectif est un mot qui s'utilise avec un nom ou un pronom pour le qualifier (on parlera alors d'adjectif qualificatif) ou pour le déterminer (il s'agira dans ce cas de déterminants).

En espéranto, il n'y a pas que les adjectifs qualificatifs qui prennent la terminaison **-a** des adjectifs, mais aussi les déterminants comme les possessifs **mia**, **via**, etc. (*mon*, *ton*, etc.) ou les numéraux ordinaux **unua**, **dua**, etc. (*premier*, *deuxième*, etc.). Le seul cas particulier, ce sont les cinq mots logiques en **-u** qui peuvent être tantôt des pronoms, tantôt des déterminants comme **tiu**, *ce, cette* ou **ĉiu**, *chaque*.

Comme un adjectif se rapporte à un nom ou un pronom, il s'accorde en nombre et en cas avec ce nom (en prenant si nécessaire les marques du pluriel en **-j** et/ou de l'accusatif en **-n**). Mais étant donné qu'il n'y a pas de genre grammatical, l'adjectif ne change jamais suivant le sexe de l'individu qualifié.

Exemples : **La granda**j **knabinoj estas simpatia**j → *Les grandes filles sont sympathiques.*
Mi manĝis bonan **sandviĉon** → *J'ai mangé un bon sandwich.*

 Soulignez tous les adjectifs (déterminants comme qualificatifs) et indiquez sous chaque adjectif souligné à quel nom ou pronom il se rapporte.

Tiu granda viro estas mia amiko. Li estas tre simpatia.

....

Li havas du malgrandajn filinojn. Liaj filinoj estas belaj kaj afablaj.

....

Ili ne estas similaj: la unua filino estas blonda kaj la dua estas bruna.

....

Tiu familio posedas amuzan hundon. Ĝia nomo estas Nono.

....

CHAPITRE 10 : DÉCRIRE ET COMPARER AVEC LES ADJECTIFS

2 Accordez (si nécessaire) les adjectifs aux noms ou pronoms auxquels ils se rapportent.

a. – Ni estas fiera...... prezenti al vi nia...... nova...... domon.

b. – Ho, vi aĉetis tre bela...... domon. Gratulon! Nia...... domo ne havas tiom granda...... ĉambrojn.

c. – Jes, nia...... ĉambroj estas granda......, sed ili estas iom malhela......

d. – Vi estos feliĉa...... en tiu...... agrabla...... vivejo.

Quelques adjectifs

afabla	gentil(le)
avara	avare
dika	gros(se)
fiera	fier, fière
hela	clair(e)
honesta	honnête
mola	mou, molle
perfekta	parfait(e)
plena	plein(e)

pura	propre
saĝa	raisonnable, sage
seka	sec, sèche
stranga	étrange, bizarre
stulta	stupide
trankvila	tranquille
utila	utile
vera	vrai(e)

3 Ce voyageur a emmêlé ses souvenirs de vacances : noms et adjectifs ont été mélangés. Retrouvez, pour chaque nom, l'adjectif correspondant, accordé en cas et en nombre.

sekajn

dikan

ŝtonoj (estis sur la grundo)

ideo (alvenis al mia kapo)

libron (mi legis)

stulta

vinberojn (mi manĝis)

malmolaj

Un drôle de type en -ulo

Le suffixe **-ulo** est souvent utilisé pour former, à partir d'un adjectif, un nom indiquant un individu caractérisé par cet adjectif. D'ailleurs, le nom **ulo** tout seul signifie *un type*.

blinda, *aveugle* → **blindulo**, *un aveugle*
juna, *jeune* → **junulo**, *un jeune (homme)*
blonda, *blond* → **blondulino**, *une (femme) blonde*

4 En vous aidant des adjectifs découverts jusqu'ici et aussi des suffixes et des préfixes déjà étudiés, essayez de traduire en un seul mot les groupes nominaux suivants.

a. *un imbécile* ....
b. *un avare* ....
c. *une femme parfaite* ....
d. *une maigrichonne* ....
e. *un type honnête* ....
f. *un groupe d'hommes sages* ....

Les couleurs

blanka	blanc, blanche
blua	bleu(e)
bruna	brun(e), marron
flava	jaune
griza	gris(e)
nigra	noir(e)
oranĝa	orange
ruĝa	rouge
verda	vert(e)
viola	violet(te)

5 Écrivez la couleur de chaque anneau olympique, ainsi que la couleur du fond.

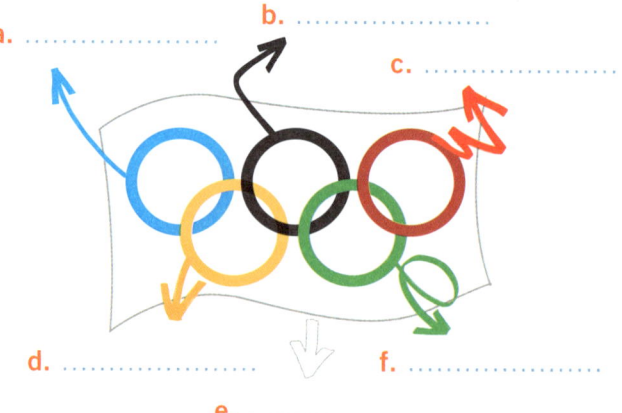

a. .... b. .... c. ....
d. .... e. .... f. ....

CHAPITRE 10 : DÉCRIRE ET COMPARER AVEC LES ADJECTIFS

6 Complétez la première phrase en indiquant la couleur, puis rédigez les phrases suivantes sur le même modèle.

 a.  b.  c.  d.  e.  f.

a. La karoto estas ………………………………………………………………………
b. ………………………………………………………………………………………………
c. ………………………………………………………………………………………………
d. ………………………………………………………………………………………………
e. ………………………………………………………………………………………………
f. ………………………………………………………………………………………………

Les mots logiques en *-a*

Parmi les mots logiques, il y a cinq déterminants qui se terminent par un **-a**. Ces cinq déterminants n'ont pas d'équivalents précis en français, mais ils se comportent comme des adjectifs : ils peuvent donc prendre les marques du pluriel et de l'accusatif. Ils se rapportent à un nom et donnent des informations sur la « qualité » de ce nom, sur ses caractéristiques.

ia, *une sorte de* **ĉia**, *chaque sorte de, toute sorte de*
kia, *quelle sorte de, quel(le), comment* **nenia**, *nulle sorte de*
tia, *cette sorte de, tel(le)*

Pour être plus concret, si on pose une question avec l'adjectif interrogatif **kia**, cela veut dire que l'on attend un adjectif qualificatif dans la réponse.
Exemple : **Kia estas lia domo? Ĝi estas granda kaj tre bela**
→ *Comment est sa maison ? Elle est grande et très belle.*

7 Complétez les phrases avec le mot en *-a* qui convient (et que vous accorderez si besoin au nom auquel il se rapporte).

a. **Tiu trinkaĵo estas** ………… **vino.** *Ce breuvage est une espèce de vin.*

b. **Mi bezonas** ………… **helpon.** *Je n'ai besoin d'aucune aide que ce soit.*

c. ………… **laŭta bruo!** *Quel bruit fort !*

d. **En la butiko estis** ………… **floroj.** *Dans la boutique, il y avait toutes sortes de fleurs.*

e. **Ne aŭskultu** ………… **stultaĵojn!** *N'écoute pas de telles bêtises !*

CHAPITRE 10 : DÉCRIRE ET COMPARER AVEC LES ADJECTIFS

Les formes

la cirklo	le cercle	la elipso	l'ovale	la sfero	la sphère
la kvadrato	le carré	la rombo	le losange	la cilindro	le cylindre
la rektangulo	le rectangle	la stelo	l'étoile	la linio	la ligne
la triangulo	le triangle	la kubo	le cube	la kruco	la croix

8 Quelle est la couleur de ces formes ? Répondez aux questions.

a. Kia estas la stelo? ....

b. Kia estas la malgranda cirklo? ....

c. Kia estas la kvardrato? ....

d. Kia estas la granda cirklo? ....

e. Kia estas la triangulo? ....

Les comparatifs et les superlatifs

Quand on compare deux éléments à l'aide d'un adjectif (ou parfois d'un adverbe), on appelle cela le comparatif.

Pour former le comparatif de supériorité, on encadre l'adjectif avec les mots **pli... ol...**, *plus... que...* Tandis que pour le comparatif d'infériorité, on utilise logiquement les mots **malpli... ol...**, *moins... que...*
Li estas pli inteligenta ol sia frato, sed malpli ol sia fratino ➜ *Il est plus intelligent que son frère, mais moins que sa sœur.*

Pour former le comparatif d'égalité, on peut utiliser les corrélatifs (mots logiques) **tiel... kiel...** ou bien **tiom... kiom...**, *aussi/autant... que...*
Mia domo estas tiel bela, kiel la via ➜ *Ma maison est aussi belle que la tienne.*
Li havas tiom da rubloj, kiom da enoj ➜ *Il a autant de roubles que de yens.*

Quand on compare un élément par rapport à tout un groupe, cela s'appelle le superlatif.

CHAPITRE 10 : DÉCRIRE ET COMPARER AVEC LES ADJECTIFS

Le superlatif de supériorité se forme avec les mots **la plej... el...**, *la/le plus... de...* autour de l'adjectif, et ce sera **la malplej... el...**, *la/le moins... de...* pour le superlatif d'infériorité.
Sokrato estis la plej saĝa el la Grekoj ➜ *Socrate était le plus sage des Grecs.*

9 Complétez avec les mots de comparaison nécessaires :
pli / malpli... ol ou *tiel... kiel* ou *la plej / malplej... el*.

a. **La verda teo estas** .... **bona** .... **la kafo.**
   Le thé vert est meilleur que le café.

b. **Mia fratino estas** .... **inteligenta** .... **sia klaso.**
   Ma sœur est la moins intelligente de sa classe.

c. **Petro estas** .... **ĝentila** .... **Paŭlo.**
   Pierre est aussi poli que Paul.

d. **Harpagono estas** .... **avara** .... **la roluloj de Moliero.**
   Harpagon est le plus avare des personnages de Molière.

10 Comme dans l'exemple, formez à partir des trois éléments donnés une phrase complète avec une comparaison cohérente.

Exemple : **citrono / acida / banano** ➜ *Citrono estas pli acida ol banano.*

a. **Belgio / granda / Rusio**

➜ ....

b. **la Eiffel-turo / malalta / la Blanka Monto**

➜ ....

c. **Romulo / aĝa / sia ĝemela frato Remo**

➜ ....

d. **viro / rapida / ĉevalo**

➜ ....

CHAPITRE 10 : DÉCRIRE ET COMPARER AVEC LES ADJECTIFS

D'autres expressions de comparaison

On retrouve le mot de comparaison **pli** dans les expressions **pli kaj pli**, *de plus en plus*, **pli-malpli**, *plus ou moins* et **ju pli… des pli…**, *plus… plus…*.

Ĉu vi komprenas pli-malpli Esperanton? Jes, mi komprenas pli kaj pli tiun lingvon →
Est-ce que tu comprends plus ou moins l'espéranto ? Oui, je comprends de plus en plus cette langue.

Ju pli vi faros ekzercojn, des pli vi lernos la lingvon
→ *Plus tu feras d'exercices, plus tu apprendras la langue.*

L'expression **kiel eble plej…** sert à indiquer *le plus… possible*.
Prenu valizon kiel eble plej malgrandan
→ *Prends une valise la plus petite possible.*

Le mot **kvazaŭ**, *comme si, quasiment* sert à former une comparaison irréelle.

Ŝi restis senmova, kvazaŭ morta
→ *Elle est restée immobile, comme (si elle était) morte.*

 Traduisez en français.

a. **La floroj dancis, kvazaŭ vivaj.** → ....

b. **Ŝi pli kaj pli amas min.** → ....

c. **Desegnu kiel eble plej belan ŝafon!**
→ ....

d. **Tia hundo estas pli-malpli rapida.**
→ ....

e. **Ju pli li laboras, des pli li estas feliĉa.**
→ ....

Les noms de langues

Comme on l'a déjà vu pour les dates et les heures, il arrive que le nom qualifié soit sous-entendu. C'est le cas pour les noms de langues où on sous-entend **lingvo**, *langue* (sauf pour **Esperanto** qui est utilisé sans article comme un nom propre).

Mi parolas la francan (lingvon) kaj Esperanton → *Je parle le français et l'espéranto.*

CHAPITRE 10 : DÉCRIRE ET COMPARER AVEC LES ADJECTIFS

Les langues

la angla	l'anglais	la hispana	l'espagnol	la pola	le polonais
la araba	l'arabe	la hungara	le hongrois	la portugala	le portugais
la ĉina	le chinois	la itala	l'italien	la rusa	le russe
la germana	l'allemand	la japana	le japonais	la turka	le turc
la greka	le grec	la latina	le latin		
la hindia	le hindi	la nederlanda	le néerlandais		

 **Kiom da lingvoj vi parolas?** Parmi les espérantophones, il y a beaucoup de polyglottes. Les personnes ci-dessous disent quelles langues elles savent parler, lire et écrire. Complétez les verbes et les langues connues pour former des phrases complètes, comme dans l'exemple.

Exemple :
Mi parolas la rusan, la anglan kaj **Esperanton**,
kaj mi **legas** iom **la polan**.

a. Mi parolas .... kaj ...., kaj mi .... bone ....

b. Mi parolas ...., sed mi .... kaj .... iom ....

c. Mi parolas .... kaj ...., kaj mi .... iom ....

Bravo, vous êtes venu(e) à bout du chapitre 10 !
Il est maintenant temps de comptabiliser les icônes et de reporter le résultat en page 128 pour l'évaluation finale.

11
Indiquer les circonstances avec les adverbes

Les adverbes dérivés

Un adverbe est un mot qui sert à modifier le sens d'un verbe, d'un adjectif ou d'un autre adverbe. Il donne des informations sur les circonstances (la manière, le lieu, la quantité, etc.). Même si l'ordre des mots est libre en espéranto, on placera en général l'adverbe avant le mot qu'il modifie.

De la même façon qu'en français on peut former un adverbe à partir d'un adjectif en rajoutant le suffixe « -ment », en espéranto il suffit de remplacer la terminaison par un **-e** pour former un adverbe. On peut ainsi dériver des adverbes non seulement à partir d'adjectifs (**facila**, *facile* → **facile**, *facilement*), mais à partir de tous types de mots : des noms (**la mateno**, *le matin* → **matene**, *matinalement, en matinée*), des verbes (**skribi**, *écrire* → **skribe**, *par écrit*), et même des préfixes ou suffixes (**mal-** → **male**, *au contraire*), des prépositions (**kun**, *avec* → **kune**, *ensemble*).

1 En vous aidant du vocabulaire donné en début de chaque phrase, traduisez en français l'adverbe souligné.

a. (**normala**, *normal*) **Li normale vivas.** ....

b. (**rapida**, *rapide*) **Venu rapide!** ....

c. (**aŭtomobilo**, *une automobile*) **Ili aŭtomobile vojaĝos.** ....

d. (**bovino**, *une vache*) **Ŝi bovine rigardis la trajnojn.** ....

e. (**paroli**, *parler*) **Ni parole prezentos nian projekton.** ....

f. (**ina**, *féminin*) **Ŝi ine vestiĝas.** ....

2 Anagrammes : retrouvez parmi les lettres mélangées des adverbes formés à partir d'adjectifs du chapitre précédent.

a. reefi .... d. erfeepkt ....

b. aĝse .... e. lamefabla ....

c. tltues .... f. ralenktvi ....

CHAPITRE 11 : INDIQUER LES CIRCONSTANCES AVEC LES ADVERBES

Les adverbes de lieu

Les adverbes sont invariables, sauf les adverbes de lieu qui peuvent éventuellement prendre la marque de l'accusatif si c'est pour indiquer une direction.
Li revenis hejmen → *Il est revenu chez lui (« vers domicile-ment »).*

3 Répondez aux questions à l'aide d'un adverbe de lieu à l'accusatif formé à partir du vocabulaire donné entre parenthèses.

a. **Kien iras la viro?** (**la hejmo**, *le domicile*)
→ ....

b. **Kien veturas la ruĝa aŭto?** (**la urbo**, *la ville*)
→ ....

c. **Kien rigardas la lupo?** (**la arbaro**, *la forêt*)
→ ....

d. **Kien flugas la birdo?** (**la ĉielo**, *le ciel*)
→ ....

L'adverbe employé comme attribut

Si le sujet d'un verbe d'état est impersonnel (et donc pas exprimé en espéranto) ou bien un infinitif, on utilisera alors un adverbe dérivé comme attribut (au lieu d'un adjectif).
Estas grave → *C'est important.*   **Manĝi estas agrable** → *Manger est agréable.*

4 Traduisez en espéranto (en utilisant un adverbe dans chaque phrase).

a. *Mon oncle travaille honnêtement.*
→ ....

b. *Elle voyait la vie en rose.*
→ ....

c. *Nous nous promenons le dimanche.*
→ ....

d. *Tu regarderas vers le ciel.*
→ ....

e. *Voler (dérober), c'est mal !*
→ ....

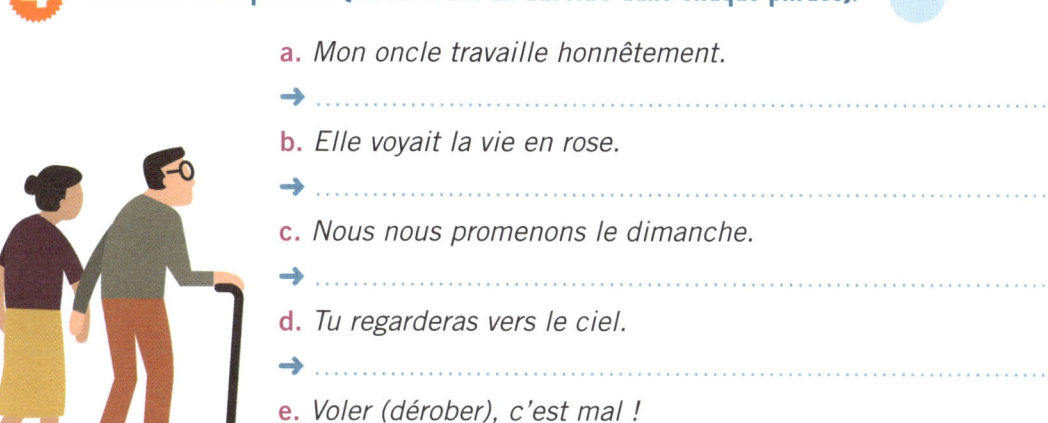

CHAPITRE 11 : INDIQUER LES CIRCONSTANCES AVEC LES ADVERBES

Les jours de la semaine

Lorsque l'on transforme un jour de la semaine en adverbe, c'est pour indiquer une habitude hebdomadaire. Si on veut désigner une date précise, le jour de la semaine prendra alors la forme d'un nom à l'accusatif.
Ŝi laboris lunde → *Elle travaillait le lundi* (tous les lundis).
Ŝi laboris lundon → *Elle a travaillé ce lundi* (un lundi bien précis).

Les adverbes de manière en -*el*

Parmi les mots logiques, nous avons déjà vu notamment les adverbes de lieu en **-e**. Mais si on parle de manière, on utilisera les mots en **-el** :
iel, *d'une certaine manière*
kiel, *comment, de quelle manière, comme*
tiel, *ainsi, de cette manière, tellement*
ĉiel, *de toute manière*
neniel, *aucunement, en aucune façon*
Exemples : **Kiel ŝi venis?** → *Comment est-elle venue ?*
Tiel finiĝas la rakonto, kiel kutime
→ *C'est ainsi que l'histoire se termine, comme d'habitude.*

5 Entourez pour chaque phrase l'adverbe qui convient le mieux.

a. Mi [iel / kiel] sukcesis mian projekton.

b. Mi serĉis mian telefonon [verde / ĉie] en la domo, sed mi [nenie / ĉien] trovis ĝin.

c. Vi estas [agrable / kiel] via frato, [ĉiam / ie] malkontenta.

d. Tiu ĝardenisto estas [tie / terure] forta.

e. Li [tien / kie] iros kaj [tiel / kiam] parolos.

f. Ni [aŭtomobile / malrapide] marŝas.

Les moyens de transport

la aŭto(mobilo)	la voiture	la metroo	le métro	la ŝipo	le bateau
la motorciklo	la moto	la tramo	le tramway	la boato	la barque
la biciklo	le vélo	la trajno	le train		
la (aŭto)buso	l'autobus	la aviadilo	l'avion		

CHAPITRE 11 : INDIQUER LES CIRCONSTANCES AVEC LES ADVERBES

6 Répondez aux questions à l'aide d'un adverbe de manière (formé à partir des noms de moyens de transport).

a. Kiel vojaĝas la maljuna virino? 🚢

→ ....

b. Kiel vojaĝas la infano?

→ ....

c. Kiel vojaĝas la junulino? 🚌

→ ....

d. Kiel vojaĝas la esploristo? ✈️

→ ....

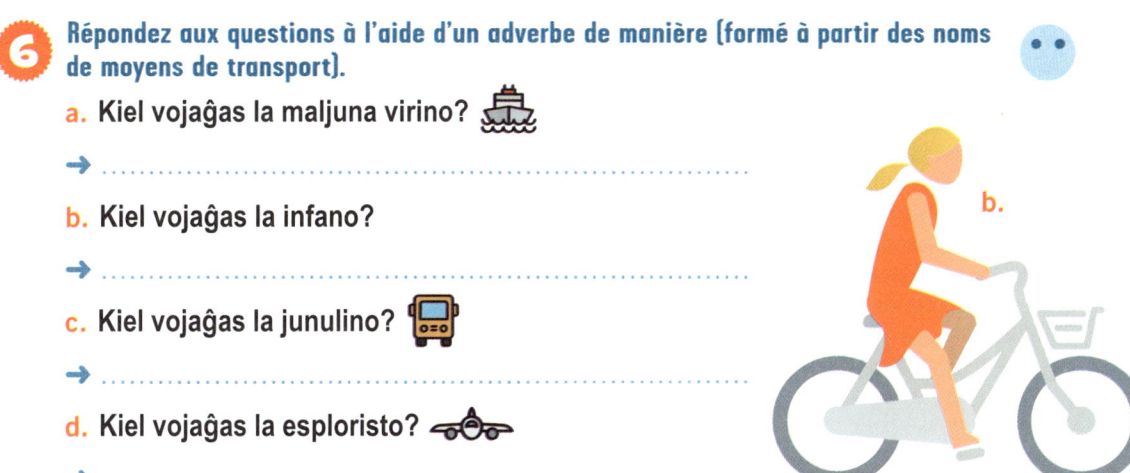

7 Parcours de mots mêlés : recherchez dans cette grille des mots désignant des moyens de transport (sous forme d'adverbes) en partant depuis la case de l'explorateur. À chaque mot que vous trouverez, un autre mot lui sera relié par une des lettres du mot précédent. Suivez ainsi les différents moyens de transport de l'explorateur jusqu'à ce qu'un mot atteigne un des drapeaux sur le côté droit : une fois que vous aurez trouvé ce drapeau, répondez à la question en espéranto en indiquant le nom du pays de destination.

A	V	I	A	D	I	L	E	Ĝ	Z	N	E
B	F	J	Ŭ	Z	C	G	Ŭ	Ŝ	I	P	E
C	P	K	T	R	A	M	E	Ŝ	Ĉ	Ĉ	E
Ĉ	I	Ĥ	O	A	H	O	N	K	A	T	E
D	E	L	B	B	I	T	Ĵ	J	Ĥ	G	E
B	D	M	U	H	B	O	A	T	E	V	E
I	E	Ĵ	S	Ĉ	J	R	N	R	V	H	E
C	G	N	E	D	K	C	P	A	Ŭ	T	E
I	Ĝ	O	Ŭ	F	L	I	R	J	Ŝ	J	E
K	F	I	Ŝ	O	Z	K	S	N	R	R	E
L	R	P	T	V	M	L	Ŝ	E	Z	M	E
O	M	U	S	O	Ŝ	E	T	Z	Ŭ	S	E

Kien vojaĝas la esploristo? ....

CHAPITRE 11 : INDIQUER LES CIRCONSTANCES AVEC LES ADVERBES

Un outil bien utile

Le suffixe **-ilo** sert à former un outil ou un ustensile, le plus souvent à partir d'un verbe.
manĝi, *manger* → **manĝilo**, *un couvert (fourchette, cuillère...)*
veturi, *se déplacer avec un véhicule* → **veturilo**, *un moyen de transport*
fajro, *du feu* → **fajrilo**, *un briquet*

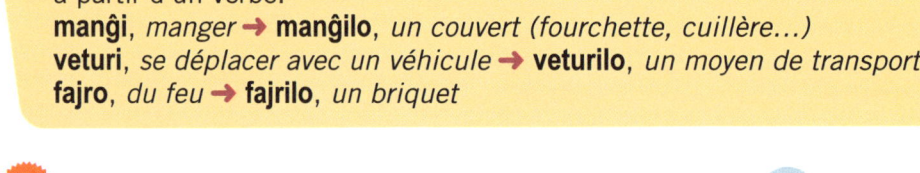

8 Répondez aux questions en suivant le modèle de l'exemple.

Exemple : **Kiel vi skribas?** → **Mi skribas per skribilo.**

a. **Kiel vi kalkulis?** → ....

b. **Kiel ni manĝos?** → ....

c. **Kiel ŝi tranĉis la panon?** → ....

d. **Kiel oni abonas la ĵurnalon?** → ....

e. **Kiel la doktoro kuracas?** → ....

Les outils et les ustensiles

la martelo	le marteau	la broso	la brosse		
la najlo	le clou	la kombilo	le peigne		
la ŝraŭbilo	le tournevis	la bastono	le bâton		
la segilo	la scie	la ŝnuro	la corde		
la hakilo	la hache	la fadeno	le fil		
la prenilo	la pince	la tondilo	les ciseaux		
la ŝlosilo	la clef	la tranĉilo	le couteau		
la muelilo	le moulin	la forko	la fourchette	la glaso	le verre
la rado	la roue	la kulero	la cuillère	la taso	la tasse
la kateno	la chaîne	la bovlo	le bol	la botelo	la bouteille
la balailo	le balai	la telero	l'assiette	la kaserolo	la casserole

CHAPITRE 11 : INDIQUER LES CIRCONSTANCES AVEC LES ADVERBES

9 Classez les outils et les ustensiles ci-dessous dans le tableau.

KRAJONO   kulero   globkrajono   trajno   GLASO   fontoplumo
aŭto   forko   BICIKLO   TELERO   tranĉilo   ŜIPO   aviadilo   BOVLO

Manĝiloj	Veturiloj	Skribiloj

Les adverbes par nature

À part les adverbes dérivés en **-e**, il existe aussi d'autres mots qui ne se terminent pas par **-e** et qui sont pourtant des adverbes par nature.

Tout d'abord, il y a parmi les « mots logiques », outre les adverbes de lieu en **-e**, les adverbes de manière en **-el**, les adverbes de cause en **-al**, les adverbes de temps en **-am** et les adverbes de quantité en **-om** (exemples : **ĉie**, **tiel**, **kial**, **neniam**, **iom**, etc.).

Ensuite, il y a plusieurs adverbes par nature qui se terminent par **-aŭ** : des adverbes de temps comme **hieraŭ**, *hier*, **hodiaŭ**, *aujourd'hui*, **morgaŭ**, *demain*, **baldaŭ**, *bientôt* ; mais aussi des adverbes de quantité comme **ankaŭ**, *aussi*, **ankoraŭ**, *encore*, **preskaŭ**, *presque*, **apenaŭ**, *à peine*, **almenaŭ**, *au moins*.

Enfin, les adverbes restants sont des mots d'une syllabe sans terminaison régulière : **for**, *loin*, **ĵus**, *à l'instant*, **tuj**, *tout de suite*, **jam**, *déjà*, **nun**, *maintenant*, **plu**, *plus longtemps*, **eĉ**, *même*, **mem**, *en personne*, **jen**, *voici*, **ja**, *certes*, **jes**, *oui*, **ne**, *non / ne… pas*, **nur**, *seulement*, **pli**, *davantage*, **tre**, *très*, **tro**, *trop*.

CHAPITRE 11 : INDIQUER LES CIRCONSTANCES AVEC LES ADVERBES

 Dans le texte suivant, soulignez tous les adverbes.

Hieraŭ, ni iris eksteren ĉar multe neĝis. Ĉie la pejzaĝo estis tute blanka. Estis tre bele! Ni tiam amuziĝis, ĵetante neĝbulojn, konstruante iglon kaj neĝulon... Kiam ni sufiĉe amuziĝis, ni ĝoje revenis hejmen, malvarmaj kiel glacikuboj. Sed nun, malfeliĉe la neĝo malaperis. Restas nur iom da neĝo tie, kie ni konstruis nian iglon.

 Classez les adverbes soulignés de l'exercice précédent dans le tableau ci-dessous.

Adverbes de lieu	Adverbes de temps	Adverbes de manière	Adverbes de quantité

 Complétez les phrases avec les adverbes de la liste ci-dessous (chaque adverbe ne peut être utilisé qu'une seule fois).

    trajne   neniel

a. Ŝi .... foriris per motorciklo.

b. Tiu ŝipo estas .... malrapida.

c. .... najloj por ripari la tablon.

d. Ne! Mi .... manĝus tion!

e. Ĉu .... vi .... veturos?

Bravo, vous êtes venu(e) à bout du chapitre 11 !
Il est maintenant temps de comptabiliser les icônes et de reporter le résultat en page 128 pour l'évaluation finale.

Construire les mots comme du Lego®

La construction des mots, mode d'emploi

Un des aspects les plus ludiques de la langue espéranto est que l'on peut créer et inventer sans cesse de nouveaux mots tout en restant compréhensible.

Pour créer des mots, il y a trois possibilités que nous allons développer dans ce chapitre. En effet, on peut :
- changer les terminaisons pour obtenir toutes les familles de mots ;
- assembler plusieurs mots ou plusieurs radicaux ensemble ;
- ajouter des préfixes et des suffixes.

Le jeu des terminaisons

Comme nous l'avons appris au chapitre 2, on peut, en changeant la terminaison d'un mot, obtenir les autres mots de cette même famille, en ajoutant :
- un **-o** pour le nom ;
- un **-a** pour l'adjectif ;
- un **-e** pour l'adverbe ;
- un **-i** pour le verbe à l'infinitif (qui sera remplacé par les terminaisons **-is**, **-as**, **-os**, **-us** ou **-u** suivant le temps ou mode auxquels le verbe sera conjugué).

Exemples : **paroli**, *parler* → **la parolo**, *la parole* → **parola**, *oral* → **parole**, *oralement*

Ce fonctionnement de la langue permet de créer des mots qui n'existent pas forcément en français.
Exemples : **la ĉevalo**, *le cheval* → **ĉevala**, *chevalin, équin, de cheval* → **ĉevale**, *« chevalement », à cheval, à la manière d'un cheval* → **ĉevali**, *« chevaler », être un cheval, se comporter comme un cheval*

1 Formez tous les mots de la même famille à partir de la racine *demand-* et traduisez-les en français.

a. Nom .... → ....

b. Adjectif .... → ....

c. Adverbe .... → ....

d. Verbe .... → ....

CHAPITRE 12 : CONSTRUIRE LES MOTS COMME DU LEGO®

2 Compléter les terminaisons des mots.

Exemple : *les grands garçons*, **la grandaj knaboj**

a. *le cheval rapide*, **la rapid**...... **ĉeval**......

b. *parler vite*, **rapid**...... **parol**......

c. *de belles paroles*, **bel**...... **parol**......

d. *un exercice oral*, **parol**...... **ekzerc**......

e. *un vrai problème*, **ver**...... **problem**......

f. *la belle vérité*, **la bel**...... **ver**......

g. *vraiment heureuse*, **ver**...... **feliĉ**......

3 Traduisez par un seul mot en espéranto les expressions (ou mots improbables en français) ci-dessous.

a. *aqueux, aquatique* → ....

b. *materner* → ....

c. *la fierté* (ce dont on est fier) → **la** ....

d. *diurne* (de jour) → ....

e. *printanier* → ....

f. *ludiquement* (par le jeu) → ....

g. *« crocodiler »* → ....

Un argot de crocodile

Le verbe **krokodili** est un curieux mot d'argot en espéranto pour indiquer quand des personnes parlent dans leur langue maternelle alors qu'elles sont dans un contexte international espérantophone (ce qui serait, pour des raisons étymologiques obscures, une façon de se comporter comme des crocodiles...).

CHAPITRE 12 : CONSTRUIRE LES MOTS COMME DU LEGO®

Le jeu des mots composés

Une autre façon de créer des mots consiste à former des mots composés en assemblant plusieurs mots (ou juste leurs radicaux).

Mais il faut assembler ces radicaux dans le bon ordre car, à l'inverse du français, le mot principal sera placé à la fin du mot composé et le radical qui le qualifiera sera placé avant.

vaporŝipo, *un bateau à vapeur* (**vaporo**, *la vapeur* et **ŝipo**, *un bateau*)
vaporŝipvojaĝo, *un voyage en bateau à vapeur*

On peut aussi assembler des mots de natures différentes (des noms avec des verbes, des adjectifs, ou même des prépositions).

fiŝkapti, *pêcher* (**fiŝo**, *un poisson* et **kapti**, *attraper*)
tiuflanke, *de ce côté-là* (**tiu**, *ce* et **flanko**, *un côté*)

Précisons enfin que l'on peut parfois laisser la voyelle **-o-** entre les deux radicaux si cela facilite la prononciation (et on peut aussi quelquefois laisser des traits d'union entre les radicaux pour faciliter la lecture si le mot composé est trop long).

manĝoĉambro, *une salle à manger*
(**manĝo**, *un repas* et **ĉambro**, *une salle*),
car **manĝ-ĉambro** serait possible, mais plus difficile à prononcer.

4 Transformez les expressions ou groupes nominaux ci-dessous en un seul mot composé.

a. **sovaĝa besto** → ....

b. **tablo por skribi** → ....

c. **vitroj por okuloj** → ....

d. **piede iri** → ....

e. **ŝipo, kiu iras sub la maro** → ....

f. **fari « jes » per la kapo** → ....

CHAPITRE 12 : CONSTRUIRE LES MOTS COMME DU LEGO®

5 Assemblez les radicaux ci-dessous par paires dans le bon ordre pour former des noms composés (qui existent aussi en français). Puis traduisez ces noms composés en français.

ARKO   POMO   TER-   KESTO   HORLOĜO   FER-   ĈIEL-   VOJO
MANĜO   LETER-   SUN-   SAKO   MATEN-   MAN-

a. .... ➔ ....
b. .... ➔ ....
c. .... ➔ ....
d. .... ➔ ....
e. .... ➔ ....
f. .... ➔ ....
g. .... ➔ ....

6 En assemblant trois radicaux de l'exercice précédent, formez un seul mot pour dire *un sac de pommes de terre*

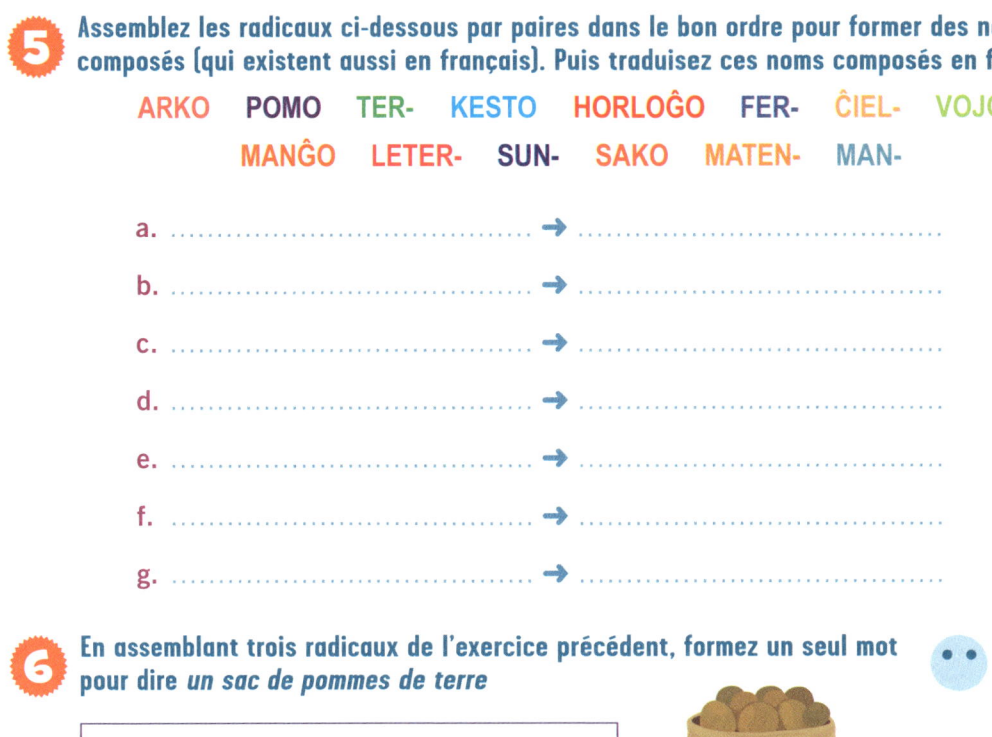

Le jeu des affixes

Enfin, le principal outil pour construire de nouveaux mots, ce sont les affixes : c'est-à-dire les préfixes et les suffixes (qui ne sont d'ailleurs pas tout à fait de réels suffixes car il y a toujours derrière une terminaison en **-o**, **-a**, **-e** ou **-i**).

Cette quarantaine d'affixes (nous en avons déjà étudié une dizaine, et nous allons tous les passer en revue dans ce chapitre) permet de limiter le vocabulaire à apprendre car il suffit à partir d'un radical de placer un ou plusieurs préfixes avant ce radical et/ou un ou plusieurs suffixes après pour multiplier votre vocabulaire possible.
Exemples : **granda**, *grand* ➔ **malgranda**, *petit*
➔ **malgrandulino**, *une petite femme*

Concernant l'ordre des suffixes, cela suit à peu près la même règle que pour les mots composés : à savoir que l'idée principale se trouve à la fin. Ainsi, ce qui se trouve à la fin se rapporte à chaque fois à ce qu'il y a avant.
Exemples : **la ĉevalidino**, *la pouliche* (la femelle du poulain) / **la ĉevalinido**, *le poulain* (le petit de la jument, que l'on nomme plus simplement **la ĉevalido**)

CHAPITRE 12 : CONSTRUIRE LES MOTS COMME DU LEGO®

Ces affixes peuvent parfois se combiner avec des adverbes ou des prépositions, voire se combiner entre eux ou être utilisés comme un simple radical.
Exemples : **antaŭ**, *devant* → **malantaŭ**, *derrière*
ne, *non* → **la neado**, *la négation*
la malo, *le contraire*
la ilaro, *l'outillage*

Les préfixes

bo-	parenté par alliance	→ **bopatro**	*un beau-père*
dis-	dispersion	→ **diskuri**	*courir dans tous les sens*
ek-	début soudain d'une action	→ **ekkuri**	*se mettre à courir*
eks-	état passé	→ **eksedzo**	*un ex-mari*
fi-	mépris	→ **fiviro**	*un sale type*
ge-	présence des deux genres	→ **gesinjoroj**	*mesdames et messieurs*
mal-	contraire	→ **malbela**	*moche*
mis-	erreur	→ **miskalkuli**	*faire une erreur de calcul*
pra-	ancêtre	→ **praavo**	*un arrière-grand-père*
re-	répétition	→ **reveni**	*revenir*

7 Complétez ces mots croisés en traduisant en espéranto les définitions.

a. *les parents* (père et mère)
b. *éclater de rire* (se mettre à rire)
c. *une belle-fille*
d. *une forêt vierge* (ancestrale)
e. *une ex-femme* (ancienne épouse)
f. *revoir*
g. *un sale clébard* (chien)
h. *distribuer* (donner dans tous les sens)

CHAPITRE 12 : CONSTRUIRE LES MOTS COMME DU LEGO®

Les suffixes d'êtres animés

-an-	membre, habitant	→ **ŝipano**	*un marin*
-estr-	chef	→ **ŝipestro**	*capitaine*
-id-	enfant, descendant	→ **ĉevalido**	*un poulain*
-in-	de sexe féminin	→ **ĉevalino**	*une jument*
-ist-	profession, spécialité	→ **dentisto**	*un dentiste*
-ul-	individu	→ **milionulo**	*un millionnaire*

Deux suffixes affectifs

Il existe deux suffixes (utilisés principalement pour les prénoms) un peu irréguliers en ce sens qu'ils raccourcissent le radical, car il s'agit de diminutifs affectifs : **-ĉj-** pour les hommes et **-nj-** pour les femmes.
patro kaj patrino, *père et mère* → **paĉjo kaj panjo**, *papa et maman*
Johano kaj Maria, *Jean et Marie* → **Joĉjo kaj Manjo**, *Jeannot et Marinette*

8 Répondez en français à ces devinettes.

a. Qu'est-ce qu'une **Eŭropanino** ? ....

b. Sachant que **sama** signifie « même », qu'est-ce qu'un **samlandano** ?
....

c. Qu'est-ce qu'un **samideano** (qui est une expression utilisée entre certains espérantistes) ? ....

d. Qu'est-ce qu'un **estrarano** (dans une entreprise ou une association) ?
....

e. Qu'est-ce qu'un **hundidisto** ? ....

f. Qui est la **Parizestrino** ? ....

g. Qui est la **urbestridino** ? ....

CHAPITRE 12 : CONSTRUIRE LES MOTS COMME DU LEGO®

Les suffixes de choses

-aĵ-	chose concrète	→ laktaĵo	*un laitage*
-ar-	ensemble, groupe	→ abelaro	*un essaim d'abeilles*
-ec-	qualité abstraite	→ saĝeco	*la sagesse*
-ej-	lieu, local	→ dormejo	*un dortoir*
-er-	élément	→ sablero	*un grain de sable*
-il-	outil, ustensile	→ manĝilo	*un couvert*
-ing-	étui, récipient partiel	→ ovingo	*un coquetier*
-ism-	système	→ kapitalismo	*le capitalisme*
-uj-	récipient plante pays	→ salujo → pomujo → Francujo	*une salière* *un pommier* *la France*

9 Reliez les synonymes (ou mots de sens similaires).

a. alkoholaĵo   1. prizono
b. vagonaro   2. nudeco
c. senvestaĵeco   3. telefono
d. malliberejo   4. hospitalo
e. malsanulejo   5. hom-manĝado
f. kanibalismo   6. trajno
g. komunikilo   7. vino

Les suffixes de verbes

-ad-	action qui dure ou se répète	→ manĝadi	*ruminer*
-ebl-	possibilité	→ manĝebla	*mangeable, comestible*
-em-	tendance, enclin	→ manĝema	*gourmand, affamé*
-end-	obligation, nécessité	→ manĝenda	*à manger, qui doit être mangé*
-ig-	rendre, faire faire	→ manĝigi	*faire manger, nourrir*
-iĝ-	devenir	→ manĝiĝi	*se manger*
-ind-	digne de, qui mérite	→ manĝinda	*qui vaut le coup d'être mangé*

CHAPITRE 12 : CONSTRUIRE LES MOTS COMME DU LEGO®

10 Reliez les mots avec leur traduction.

a. ŝi sidas
b. ŝi sidigas lin
c. ŝi sidiĝas
d. vizitebla muzeo
e. vizitinda muzeo
f. vizitenda muzeo

1. *elle s'assied*
2. *un musée qui vaut le détour*
3. *un musée à visiter absolument*
4. *elle est assise*
5. *elle l'assied*
6. *un musée ouvert à la visite*

Les suffixes passe-partout

-aĉ-	péjoratif	→ ridaĉi	*ricaner*
-eg-	augmentatif	→ ridegi	*rire aux éclats*
-et-	diminutif	→ rideti	*sourire*
-um-	lien imprécis	→ brakumi → aerumi	*embrasser* *aérer*

11 Décrivez (en modulant avec les suffixes du dernier encadré) le temps qu'il fait à partir du verbe *pluvas*, puis les maisons à partir du nom *domo*.

Kiel pluvas?

 a.  b.

a. ....
b. ....

Kio estas tiu domo?

c. ....

d. ....

e. ....

c.   d.   e.

CHAPITRE 12 : CONSTRUIRE LES MOTS COMME DU LEGO®

12 Construisez le plus de mots possible à partir du radical *pan-* que vous associerez avec les autres radicaux, les affixes et les terminaisons ci-dessous. Amusez-vous à traduire entre parenthèses les mots que vous aurez ainsi créés. Laissez libre cours à votre imagination !

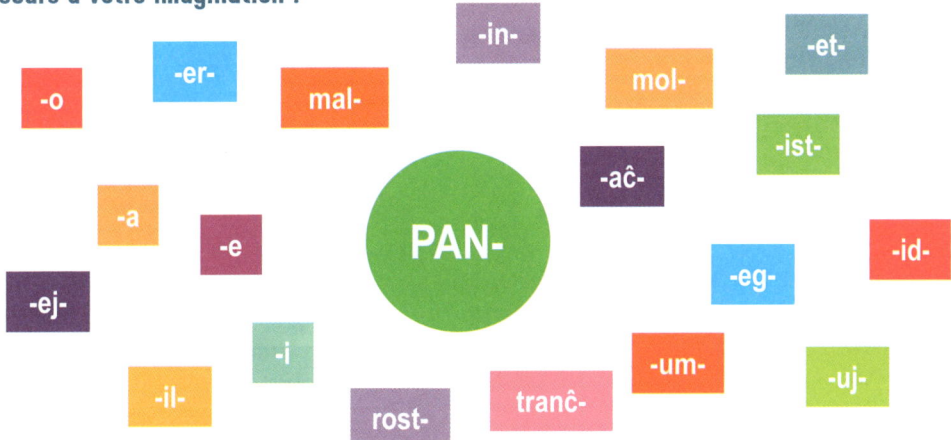

Le « vrai jeu » des affixes

Voici une idée de jeu à fabriquer vous-même : prenez des bouts de papier et marquez sur chacun un préfixe, un suffixe, une terminaison ou un radical d'un des mots que vous avez appris jusqu'ici en espéranto.

Une fois que vous vous serez constitué une certaine quantité d'affixes, de terminaisons et quelques radicaux, amusez-vous dans un premier temps tout seul à les assembler ensemble pour composer de nouveaux mots (que vous essaierez de traduire en français), comme dans le dernier exercice.

Quand vous commencez à maîtriser un peu cette construction des mots, vous pouvez essayer de jouer à plusieurs : chaque joueur doit avoir devant lui les mêmes éléments de départ (radicaux, affixes et terminaisons), puis un joueur sort un mot en français et les autres doivent essayer de construire ce mot en espéranto. Le plus rapide à construire ce mot remporte la manche et c'est lui qui annoncera le nouveau mot pour la manche suivante.

Bravo, vous êtes venu(e) à bout du chapitre 12 !
Il est maintenant temps de comptabiliser les icônes et de reporter le résultat en page 128 pour l'évaluation finale.

13
Relier les mots et les phrases à l'aide des prépositions et des conjonctions

Les prépositions de lieu

Les prépositions sont des petits mots qui servent à introduire des compléments.

Voici toutes les prépositions de lieu : **al**, *vers* ; **antaŭ**, *devant* ; **malantaŭ**, *derrière* ; **apud**, *près de* ; **ĉe**, *chez* ; **ĉirkaŭ**, *autour de* ; **de**, *de* ; **ekster**, *à l'extérieur de* ; **el**, *hors de* ; **en**, *dans* ; **ĝis**, *jusqu'à* ; **inter**, *entre* ; **kontraŭ**, *en face de* ; **laŭ**, *le long de* ; **preter**, *à côté de* ; **sub**, *sous* ; **super**, *au-dessus de* ; **sur**, *sur* ; **tra**, *à travers* ; **trans**, *au-delà de*.

Normalement, le mot qui suit une préposition ne se met pas à l'accusatif. Mais après les prépositions de lieu (sauf **al**, **de**, **el** et **ĝis**), on peut parfois mettre un mot (ou groupe de mots) à l'accusatif uniquement pour indiquer qu'il y a un déplacement en direction d'un lieu.

1 Répondez aux questions ci-dessous en utilisant la bonne préposition (et si besoin l'accusatif de direction **-n**).

a. **Kie estas la ĉapelo?**

....

....

c. **Kie estas la tereto?**

....

b. **Kie estas la motorciklo?**

....

....

d. **Kien saltas la rano?**

....

....

CHAPITRE 13 : RELIER LES MOTS ET LES PHRASES À L'AIDE DES PRÉPOSITIONS ET DES CONJONCTIONS

Les lieux et les bâtiments

la domo	la maison	la preĝejo	le lieu de prière (église, mosquée, etc.)
la konstruaĵo	le bâtiment, l'immeuble	la templo	le temple
la apartamento	l'appartement	la katedralo	la cathédrale
la palaco	le palais	la kastelo	le château
la kastelo	le château	la tendo	la tente
la hotelo	l'hôtel		

Les autres prépositions

Il y a des prépositions qui servent à indiquer le temps : **antaŭ**, *avant* ; **post**, *après* ; **dum**, *pendant* ; **(ek)de**, *depuis*.

Quelques prépositions de lieu peuvent aussi avoir un autre sens : **kontraŭ**, *contre* ; **laŭ**, *selon* ; **de** se traduit par *par* seulement avant un complément d'agent dans une phrase à la voix passive.

Certaines prépositions ont une utilisation particulière : **da**, *de* ne sert que pour indiquer une quantité ; **po**, *à raison de* indique une distribution ; **je** est la seule préposition à ne pas avoir de sens précis et peut donc être utilisée quand aucune autre ne convient.

Voici enfin les prépositions restantes : **anstataŭ**, *au lieu de* ; **krom**, *sauf* ; **kun**, *avec* ; **sen**, *sans* ; **malgraŭ**, *malgré* ; **per**, *au moyen de* ; **por**, *pour* ; **pri**, *au sujet de* ; **pro**, *à cause de*.

2 Remplacez la préposition soulignée par une préposition de sens contraire.

a. Ŝi trinkas kafon <u>sen</u> (≠ ....) sukero.

b. Vi alvenis <u>post</u> (≠ ....) mi.

c. La turistoj estas <u>antaŭ</u> (≠ ....) la katedralo.

d. La kato kuŝas <u>sub</u> (≠ ....) la lito.

e. La infanoj kuras <u>el</u> (≠ ....) la lernejo.

f. Ni batalas <u>kontraŭ</u> (≠ ....) tiuj ideoj.

g. Li promenas <u>ekster</u> (≠ ....) la parko.

CHAPITRE 13 : RELIER LES MOTS ET LES PHRASES À L'AIDE DES PRÉPOSITIONS ET DES CONJONCTIONS

3 Complétez les phrases suivantes avec la préposition qui convient.

a. **Mi atendis mian rendevuon** .... **du horoj.**
   J'ai attendu mon rendez-vous pendant deux heures.

b. **La ĉevalo kuras** .... **la rivero.**
   Le cheval court le long de la rivière.

c. **Li estas malseka** .... **la piedoj** .... **la kapo.**
   Il est mouillé depuis les pieds jusqu'à la tête.

d. **La prelego** .... **Bernardo estos** .... **agrikulturo.**
   La conférence de Bernard sera à propos de l'agriculture.

e. **Venu** .... **nin** .... **resti tie sola!**
   Viens près de nous au lieu de rester seul là-bas !

La maison

la enirejo	*l'entrée*			
la salono	*le salon*			
la kuirejo	*la cuisine*			
la manĝoĉambro	*la salle à manger*			
la banĉambro	*la salle de bains*			
la necesejo	*les toilettes*		**la tegmento**	*le toit*
la dormoĉambro	*la chambre à coucher*		**la kameno**	*la cheminée*
la pordo	*la porte*		**la lampo**	*la lampe*
la muro	*le mur*		**la seĝo**	*la chaise*
la fenestro	*la fenêtre*		**la tablo**	*la table*
la kurteno	*le rideau*		**la ŝranko**	*l'armoire*
la planko	*le plancher*		**la kanapo**	*le canapé*
la plafono	*le plafond*		**la lito**	*le lit*

**CHAPITRE 13 : RELIER LES MOTS ET LES PHRASES
À L'AIDE DES PRÉPOSITIONS ET DES CONJONCTIONS**

4 Remplissez horizontalement les mots de chaque étage de cet immeuble à partir du texte ci-dessous. Puis vous découvrirez un mot caché verticalement dont vous pourrez deviner la signification.

- En la tria etaĝo, estas ludoĉambro kun granda lampo.
- La lito estas en la dormoĉambro de la dua etaĝo.
- En la unua etaĝo troviĝas la banĉambro. Apud la lavujo estas fenestro.
- Ĉe la teretaĝo estas la salono kun belaj kurtenoj.
- Oni iras tra malnova pordo al la subteretaĝo.

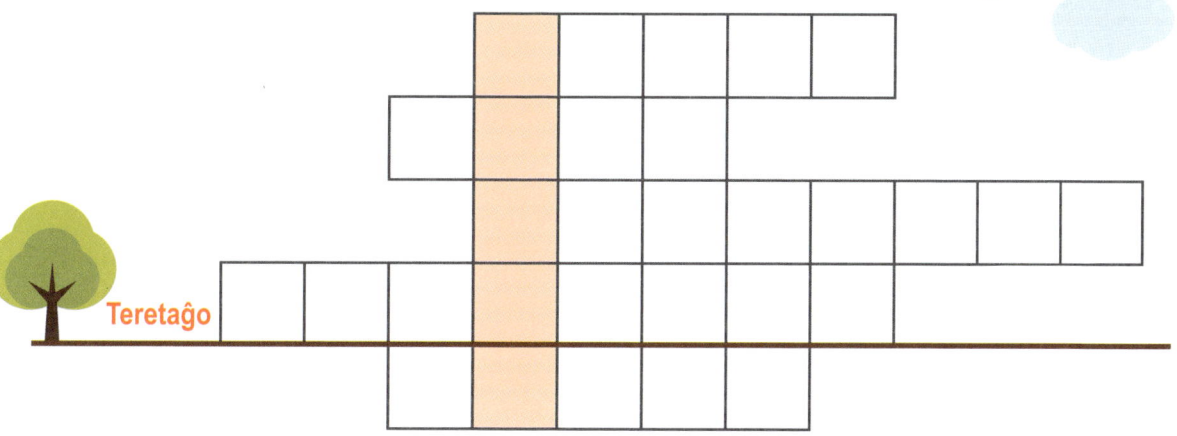

Mot caché .... Traduction ....

5 Kie estas tiuj objektoj en la domo? Replacez les objets ci-dessous dans les pièces correspondantes en formant des phrases à la manière de l'exemple.

dentobroso   kaserolo   foteloj   duŝejo   banĉambro   lito
kanapo   salono   dormoĉambro   teleroj   kuirejo   ŝranko

Exemple : **La lito kaj la ŝranko estas en la dormoĉambro.**

a. ....

b. ....

c. ....

CHAPITRE 13 : RELIER LES MOTS ET LES PHRASES À L'AIDE DES PRÉPOSITIONS ET DES CONJONCTIONS

Les conjonctions

Les conjonctions de coordination servent à relier des mots ou des propositions de même nature : **sed**, *mais* ; **aŭ**, *ou* ; **kaj**, *et* ; **do**, *donc* ; **nu**, *or* ; **nek**, *ni* ; **ĉar**, *car*.
Ĉu vi trinkos teon aŭ kafon? → *Boirez-vous du thé ou du café ?*

Les conjonctions de subordination servent à faire le lien entre une proposition subordonnée et une proposition principale dont elle dépend. La conjonction de subordination la plus fréquente est **ke**, *que*.
Ŝajnas, ke pluvos → *Il semble qu'il va pleuvoir.*

Parmi les autres mots de subordination, il y a **kvankam**, *bien que*, **kvazaŭ**, *comme si* (pour comparer), **ĉu**, *si* (qui introduit les interrogatives indirectes), **se**, *si* (qui introduit seulement les conditions), ainsi que plusieurs mots en **ki-** comme **kiel**, *comme* ou **kiam**, *quand*. Il y a aussi plusieurs locutions formées à l'aide de **ke** ou de **kiam** : **por ke**, *pour que* ; **kondiĉe ke**, *à condition que* ; **tiamaniere ke**, *de sorte que* ; **post kiam**, *après que* ; **tuj kiam**, *dès que* ; **de kiam**, *depuis que*, etc.

Précisons enfin qu'il n'y a pas de concordance des temps en espéranto pour les subordonnées : dans le discours indirect, on garde le même temps que dans le discours direct.
Li diris: « Mi venos » → *Il a dit : « Je viendrai ».*
→ **Li diris, ke li venos** → *Il a dit qu'il viendrait.*
Ŝi demandis al mi: « Ĉu vi konas lin ? » → *Elle m'a demandé : « Le connais-tu ? »*
→ **Ŝi demandis al mi, ĉu mi konas lin** → *Elle m'a demandé si je le connaissais.*

 Complétez les phrases en entourant la bonne conjonction.

a. Li ŝatas sian domon, [sed / nek / ke] li ne ŝatas sian ĝardenon.

b. Mi bezonas [ĉar / aŭ / nek] abrikotojn [aŭ / ĉar / do] fragojn por tiu torto.

c. Ŝi edziniĝis kun tiu viro, [aŭ / kvankam / ĉu] ŝiaj gepatroj ne konsentis.

d. Maria [sed / ĉu / kaj] Johana promenas kune.

e. La urbestro volis, [kiam / kaj / ke] la urbanoj estu feliĉaj.

f. Li volonte dormus, [se / ĉu / ke] li povus.

g. Ni demandis, [se / nu / ĉu] la instruisto venos morgaŭ.

CHAPITRE 13 : RELIER LES MOTS ET LES PHRASES À L'AIDE DES PRÉPOSITIONS ET DES CONJONCTIONS

7 Fusionnez les deux phrases indépendantes à l'aide d'une conjonction pour former une seule phrase.

Exemple : **Vi havos tempon. Ni iros al la restoracio.**
➜ **Ni iros al la restoracio, kiam vi havos tempon.**

a. **Mi ne laboros morgaŭ. Mi estas malsana.**

➜ ....

b. **Li devas labori. Li ne volas.**

➜ ....

c. **Pluvegas hodiaŭ. Ili restas hejme.**

➜ ....

d. **Vi revenos de Brazilo. Telefonu min!**

➜ ....

Les adverbes de cause en *-al*

Il existe cinq adverbes de cause qui se terminent par **-al** :

ial, *pour une certaine raison*   **ĉial**, *pour toutes les raisons*
kial, *pourquoi, pour quelle raison*   **nenial**, *sans raison*
tial, *pour cette raison, c'est pourquoi*

8 Formez des phrases ayant un sens en utilisant à chaque fois les mots donnés (pensez à conjuguer les verbes au présent et mettre l'accusatif là où c'est nécessaire).

Exemple : **knabo – sia – frapi – la – nenial – frato** ➜ **La knabo nenial frapas sian fraton.**

a. **bona – mi – pomo – plezure – manĝi**

➜ ....

b. **demandi – policisto – kial – veni – la – ni**

➜ ....

c. **la – pura – birdo – malgranda – trinki – akvo**

➜ ....

d. **ŝi – sia – ne – eksedzo – ŝati – tial – ne – li – ŝi – paroli – al**

➜ ....

e. **forta – esti – via – viro – frato**

➜ ....

CHAPITRE 13 : RELIER LES MOTS ET LES PHRASES À L'AIDE DES PRÉPOSITIONS ET DES CONJONCTIONS

9 Soulignez l'erreur grammaticale dans chaque phrase et corrigez-la.

a. Dum la tagon, la kato dormas. ....
b. Ni rigardas tra la belaj fenestro. ....
c. Li volas manĝas kun ni. ....
d. Mi trinkas akvo. ....
e. Li ne scias, se pluvos. ....
f. La infanoj iros al la lernejon. ....
g. Vi alvenos ĉe viajn kara amikojn. ....

Les interjections

Il existe plusieurs petits mots utilisés dans la parole pour exprimer des émotions : **He! Ha! Ho! Hura! Aj! Ŝŝ!**

Les interjections les plus fréquentes sont **nu**, *eh bien* et **ve**, *hélas*.

Certaines interjections sont juste des radicaux ou des affixes seuls : **ek!** *allez !* ; **for!** *ouste !* ; **fek!** *merde !* ; **fi!** *pouah !* ; **halt!** *stop !* ; **help!** *à l'aide !*

10 Écrivez la bonne interjection dans chaque bulle : *Aj! Ek! Halt! Ŝŝ! Ve!*

Bravo, vous êtes venu(e) à bout du chapitre 13 ! Il est maintenant temps de comptabiliser les icônes et de reporter le résultat en page 128 pour l'évaluation finale.

14
Faire le point sur les « 45 mots logiques »

Les corrélatifs

Nous allons terminer en faisant le point sur les « mots logiques » qui sont au total 45 et qui peuvent être présentés sous la forme d'un tableau (voir l'exercice 1 ci-dessous). On appelle ces 45 mots très fréquents des corrélatifs.

1 Complétez le tableau des corrélatifs ci-dessous en remplissant les mots ou les traductions manquantes.

	i- indéfini	ki- interrogatif et relatif	ti- démonstratif	ĉi- collectif	neni- négatif
+u individualité	iu quelqu'un / quelque, un(e) certain(e)	.... qui / quel(le) / lequel, laquelle	tiu celui-là / ce	.... chacun / chaque	neniu personne / aucun
+o chose	.... quelque chose	kio quoi, que	.... cela	ĉio	nenio ....
+a qualité	ia une sorte de	kia quelle sorte de, quel(le)	.... cette sorte de, tel(le)	ĉia chaque / toute sorte de	.... nulle sorte de
+e lieu	.... quelque part	kie	tie là	.... partout	nenie nulle part
+am temps	.... un jour, une fois	kiam	.... alors	.... toujours	neniam ....
+el manière	iel d'une certaine manière	.... comment / comme	tiel	ĉiel de toute manière	.... en aucune façon
+al cause	ial pour une certaine raison	kial	tial pour cette raison	.... pour toutes raisons	nenial pour aucune raison
+om quantité	iom	.... combien	tiom	ĉiom le tout	neniom rien du tout
+es possession	.... de quelqu'un	kies de qui / dont	.... de celui-là	ĉies de tous	.... de personne

107

CHAPITRE 14 : FAIRE LE POINT SUR LES « 45 MOTS LOGIQUES »

Les indéfinis en *i-*

Les corrélatifs commençant par **i-** désignent des choses non précisées ou inconnues.

Le quelconque « ajn »

La particule **ajn** s'utilise après les corrélatifs (principalement les indéfinis commençant par **i-** et les relatifs en **ki-**) pour souligner l'aspect quelconque et indifférent.

iu, *quelqu'un* ; **iu ajn**, *n'importe qui* ; **kiu ajn**, *qui que ce soit*

2 Traduisez en français.

a. Donu al mi ion ajn !

→ ....

b. Iel estas via kulpo.

→ ....

c. Tiu infano dormas iam ajn kaj ie ajn!

→ ....

d. Ni bezonas iom da tempo...

→ ....

e. Tio povus esti ies ajn sako.

→ ....

Les interrogatifs en *ki-*

Les corrélatifs commençant par **ki-** sont surtout utilisés comme interrogatifs et comme relatifs, ainsi que parfois comme exclamatifs.

CHAPITRE 14 : FAIRE LE POINT SUR LES « 45 MOTS LOGIQUES »

3 Reliez chacune de ces questions sur l'espéranto à la réponse qui convient.

a. Kio estas Esperanto? • • 1. Ĉies kaj nenies.
b. Kia estas tiu lingvo? • • 2. Kelkaj milionoj.
c. Kies lingvo estas Esperanto? • • 3. La Doktoro Zamenhof.
d. Kiu kreis Esperanton? • • 4. Lingvo internacia.
e. Kiam okazis la unua Esperanto-kongreso? • • 5. En la jaro 1905.
f. Kie okazis tiu unua kongreso? • • 6. Por paroli kun homoj el ĉiuj landoj.
g. Kiel oni lernas Esperanton? • • 7. Facila kaj neŭtrala.
h. Kial oni lernas Esperanton? • • 8. Per lernolibro aŭ per Interreto.
i. Kiom da homoj parolas Esperanton? • • 9. En Bulonjo-ĉe-Maro (Francio).

Les démonstratifs en *ti-*

Les corrélatifs commençant par **ti-** sont des démonstratifs qui désignent quelque chose que l'on montre ou dont on a déjà parlé.

La proximité en « ĉi »

La particule **ĉi** est l'équivalent de notre particule *-ci* et elle s'emploie particulièrement avec les démonstratifs en **ti-** (et parfois aussi avec d'autres radicaux) pour indiquer la proximité.
tie, *là* ; **ĉi tie / tie ĉi**, *ici* ; **tiu ĉi**, *celui-ci* ; **ĉi-nokte**, *cette nuit-ci*

4 Reliez ces ordres à leur traduction.

a. Venu ĉi tien! • • 1. Pars là-bas !
b. Restu tie! • • 2. Regardez ci-dessous !
c. Iru tien for! • • 3. Faites comme ceci !
d. Faru ĉi tiel! • • 4. Viens ici !
e. Aŭskultu ĉi-foje! • • 5. Que tout ceci soit nettoyé !
f. Rigardu ĉi-suben! • • 6. Reste là !
g. Ĉio ĉi estu purigita! • • 7. Écoute, cette fois-ci !

CHAPITRE 14 : FAIRE LE POINT SUR LES « 45 MOTS LOGIQUES »

Les collectifs en *ĉi-*

Les corrélatifs commençant par **ĉi-** ont un sens de totalité ou de généralité collective.

5 Traduisez en français.

a. Ĉiam diru la veron !

→ ....

b. Ekologio estas ĉies problemo.

→ ....

c. Ili vidis malfeliĉon ĉie.

→ ....

d. Ni vendas ĉiajn ŝtrumpetojn.

→ ....

e. Ĉiuj tiuj libroj estas miaj.

→ ....

Les négatifs en *neni-*

Les corrélatifs commençant par **neni-** ont un sens de négation. Comme ces corrélatifs ont déjà un sens négatif pour toute la phrase, il ne faut pas mettre un autre mot négatif, sinon les deux négations s'annulent.

6 Traduisez en espéranto.

a. *Personne n'est venu.*

→ ....

b. *Ma grand-mère ne voit rien.*

→ ....

c. *Elle ne reviendra jamais.*

→ ....

d. *En aucune façon je ne ferais ce travail.*

→ ....

CHAPITRE 14 : FAIRE LE POINT SUR LES « 45 MOTS LOGIQUES »

Les corrélatifs en -u

Les corrélatifs en **-u** indiquent une individualité ou une identité. Ils peuvent être utilisés soit comme des pronoms, soit comme des déterminants (suivis d'un nom). Ce sont des mots variables qui peuvent prendre la marque **-j** du pluriel et le **-n** de l'accusatif.

7 Complétez avec le corrélatif en **-u** qui convient et à la forme qui convient.

a. La virino, ... sidas tie, estas mia patrino.

b. Ne, mi vidas ....

c. La lernantoj havis ekzamenon: .... bone sukcesis ĝin, sed la aliaj ne.

d. Legu ĉi .... frazon !

e. .... homoj estas denaske liberaj kaj egalaj laŭ digno kaj rajtoj. (Universala Deklaracio de Homaj Rajtoj)

Les corrélatifs en -o

Les corrélatifs en **-o** indiquent une chose. Ce sont des pronoms qui sont toujours au singulier. Ils peuvent par contre prendre la marque **-n** de l'accusatif. Si un adjectif qualifie un de ces pronoms en **-o**, il se placera toujours après (**io bona**, *quelque chose de bon*).

8 Coloriez les pronoms en **-o** en suivant les indications suivantes :

Kolorigu ruĝe la nedifinitajn pronomojn, flave la montrajn, verde la demandajn kaj blue la kolektivajn pronomojn. Sed lasu blanke la neajn pronomojn.

nenio	nenio	nenio	ĉio	nenio	nenio	nenio
nenio	nenio	ĉio	kio	ĉio	nenio	nenio
nenio	ĉio	kio	tio	kio	ĉio	nenio
ĉio	kio	tio	io	tio	kio	ĉio
kio	tio	io	nenio	io	tio	kio
tio	io	nenio	nenio	nenio	io	tio

CHAPITRE 14 : FAIRE LE POINT SUR LES « 45 MOTS LOGIQUES »

Les corrélatifs en -a

Les corrélatifs en **-a** indiquent la qualité ou la sorte. Ce sont des déterminants qui se comportent exactement comme des adjectifs : ils peuvent donc prendre la marque **-j** du pluriel et le **-n** de l'accusatif.

 Traduisez en espéranto en utilisant les corrélatifs en *-a*.

a. *Quel bel homme !*
→ ....

b. *Nous étions dans une sorte de petite maison.*
→ ....

c. *Ne faites pas de tels voyages !*
→ ....

d. *Je n'ai vu aucune sorte de fleur dans ce jardin.*
→ ....

Les corrélatifs en -e

Les corrélatifs en **-e** indiquent un lieu. Ce sont des adverbes. Mais comme ce sont des adverbes de lieu, ils peuvent prendre la marque **-n** de l'accusatif pour indiquer alors une direction.

 Traduisez en espéranto en utilisant les corrélatifs en *-e*.

a. *Je suis ici.*
→ ....

b. *Nous n'irons nulle part !*
→ ....

c. *Regarde la maison où vivaient tes grands-parents !*
→ ....

d. *Un artiste travaille n'importe où.*
→ ....

e. *Son chien va partout où il va.*
→ ....

CHAPITRE 14 : FAIRE LE POINT SUR LES « 45 MOTS LOGIQUES »

Les corrélatifs en -es

Les corrélatifs en **-es** indiquent le possesseur. Ce sont des pronoms car ils remplacent l'expression **la ...-o de ...-iu**. Ils sont invariables. Ce sont toujours des compléments du nom, ils se placent avant le nom qu'ils complètent.

Exemple : **ties domo = la domo de tiu**, *la maison de celui-ci*

 Remplacez le possesseur par un pronom en -es, comme dans l'exemple.

Exemple : **Tio estas la ŝlosilo de iu.** ➜ **Tio estas ies ŝlosilo.**

a. **Li estas la amiko de ĉiuj.**

➜ ....

b. **Mi aŭskultos la opinion de neniu.**

➜ ....

c. **La hundo de tiu homo estas danĝera.**

➜ ....

d. **Tiu knabino, de kiu la gepatroj estas rusaj, loĝas en nia urbo.**

➜ ....

Les corrélatifs en -am, en -el, en -al et en -om

Les corrélatifs en **-am** indiquent un moment, ceux en **-el** indiquent une manière, ceux en **-al** indiquent une raison et ceux en **-om** indiquent une quantité. Tous ces corrélatifs sont des adverbes et ils sont donc invariables (ils ne prennent pas de terminaisons **-j** ni **-n**).

Signalons toutefois que l'on peut dire **kioma** pour *combientième* (exemple : **Je la kioma horo?** ➜ *À quelle heure ?*) et **iomete** pour *un petit peu*.

CHAPITRE 14 : FAIRE LE POINT SUR LES « 45 MOTS LOGIQUES »

12 Complétez avec le corrélatif qui convient parmi la liste ci-dessous.

KIOM   IOMETE   KIAL   TIEL   IAM   ĈIAM

a. .... estis princino, kiu vivis en bela kastelo…

b. .... da infanoj ĉi tie!

c. .... vi ne venis al la festo hieraŭ?

d. Li estas .... forta, ke li povas porti eĉ aŭtomobilon.

e. Ni restos amikoj por ....

f. Mi volas nur .... da sukero por mia kafo.

13 Sudoku

Complétez cette grille de sudoku avec les corrélatifs manquants. Chaque terminaison de corrélatifs (**-o**, **-a**, **-am**, **-el**, etc.) ne peut apparaître qu'une seule fois par ligne, par colonne et par carré de 3 x 3. De plus, à l'intérieur de chaque carré de 3 x 3, les neuf corrélatifs auront le même début (un carré pour les corrélatifs en **ki-**, un autre pour ceux en **neni-**, etc.).

io		iam	kies	kiom			tia	
		ial		kiu			tie	
ie		iom	kial				ties	tiel
			tie		iam		ĉiel		ĉiom
				iel		ial			
tiel		tio		ie		ĉiu		
ĉiam	ĉio				neniom	kia		kie
	ĉiom			nenies		kiam		
	ĉie			neniel	nenio	kies		kial

Bravo, vous êtes venu(e) à bout du chapitre 14 !
Il est maintenant temps de comptabiliser les icônes et de reporter le résultat en page 128 pour l'évaluation finale.

Résumé grammatical

Les terminaisons

-o	nom	**-e**	adverbe		
-a	adjectif	**-j**	pluriel		
-i	verbe à l'infinitif	**-n**	accusatif (COD)		

Un seul article défini invariable : **la** (*le, la, les*). Il n'y a pas d'article indéfini.

Les pronoms personnels

Pronoms personnels		Singulier	Pluriel
1re personne		**mi** (*je*)	**ni** (*nous*)
2e personne		**vi** (*tu/vous*)	
3e personne	masculin	**li** (*il*)	**ili** (*ils/elles*)
	féminin	**ŝi** (*elle*)	
	neutre	**ĝi** (*il/elle/ça*)	
indéfini		**oni** (*on*)	
réfléchi		**si(n)** (*se, soi*)	

En ajoutant **-a** à ces pronoms, on forme les possessifs : **mia**, *mon/ma* ; **la mia**, *le mien / la mienne*.

La conjugaison

La terminaison reste la même à toutes les personnes de chaque temps, seul le sujet (pronom) change.

Modes ▶ ▼Temps	Indicatif	Participe		Infinitif	Volitif (Impératif)	Conditionnel
		Actif	Passif			
Présent	-as	-anta	-ata	-i	-u	-us
Passé	-is	-inta	-ita			
Futur	-os	-onta	-ota			

RÉSUMÉ GRAMMATICAL

Les 45 mots logiques (corrélatifs)

	i- indéfini	ki- interrogatif et relatif	ti- démonstratif	ĉi- collectif	neni- négatif
+u individualité	iu *quelqu'un/ quelque*	kiu *qui/quel(le)*	tiu *celui-là/ce*	ĉiu *chacun/ chaque*	neniu *personne/ aucun*
+o chose	io *quelque chose*	kio *quoi, que*	tio *cela*	ĉio *tout*	nenio *rien*
+a qualité	ia *une sorte de*	kia *quel(le sorte de)*	tia *tel(le), cette sorte de*	ĉia *chaque sorte de*	nenia *nulle sorte de*
+e lieu	ie *quelque part*	kie *où*	tie *là*	ĉie *partout*	nenie *nulle part*
+am temps	iam *un jour, une fois*	kiam *quand*	tiam *alors*	ĉiam *toujours*	neniam *jamais*
+el manière	iel *d'une certaine manière*	kiel *comment/ comme*	tiel *ainsi, tellement*	ĉiel *de toute manière*	neniel *en aucune façon*
+al cause	ial *pour une certaine raison*	kial *pourquoi*	tial *pour cette raison*	ĉial *pour toutes raisons*	nenial *pour aucune raison*
+om quantité	iom *un peu*	kiom *combien*	tiom *autant*	ĉiom *le tout*	neniom *rien du tout*
+es possession	ies *de quelqu'un*	kies *de qui/dont*	ties *de celui-là*	ĉies *de tous*	nenies *de personne*

RÉSUMÉ GRAMMATICAL

L'interrogation

Pour former une question fermée, on ajoute **ĉu** au début de la phrase :
Ĉu li dormas? – Jes/Ne → *Est-ce qu'il dort ? – Oui/Non.*

La négation

Pour faire une phrase négative, il suffit de placer le mot **ne** juste avant le mot qu'il nie.
Mi ne kantas → *Je ne chante pas* / **Ne mi kantas** → *Ce n'est pas moi qui chante.*

Les nombres

0	1	2	3	4	5	6	7	8	9	10	100	1 000	1 000 000	1 000 000 000
nul	unu	du	tri	kvar	kvin	ses	sep	ok	naŭ	dek	cent	mil	miliono	miliardo
ordinaux (1er, 2e…) **+a**		adverbes (primo…) **+e**		groupes (paire, trio…) **+opo**		fractions (½, ⅓…) **+ono**				multiples (double…) **+oblo**				

Les préfixes (lettres se plaçant devant la racine)

bo- (par alliance)   **bopatro**, *un beau-père*

dis- (dispersion)   **doni**, *donner* → **disdoni**, *distribuer*

ek- (début)   **ridi**, *rire* → **ekridi**, *se mettre à rire*

eks- (état passé)   **eksministro**, *un ex-ministre*

fi- (mépris)   **knabo**, *un garçon* → **fiknabo**, *un voyou*

ge- (mixité)   **gepatroj**, *des parents, père et mère*

mal- (contraire)   **bela**, *beau* → **malbela**, *laid*

mis- (erreur)   **fari**, *faire* → **misfari**, *rater*

pra- (ancêtre)   **avo**, *un grand-père* → **praavo**, *un arrière-grand-père*

re- (répétition)   **fari**, *faire* → **refari**, *refaire*

RÉSUMÉ GRAMMATICAL

Les suffixes (lettres se plaçant entre la racine et la terminaison d'un mot)

- **-aĉ-** (péjoratif) — **domo**, *une maison* → **domaĉo**, *une bicoque*
- **-ad-** (action qui dure) — **parolo**, *une parole* → **parolado**, *un discours*
- **-aĵ-** (chose) — **trinki**, *boire* → **trinkaĵo**, *une boisson*
- **-an-** (membre) — **urbo**, *une ville* → **urbano**, *un citadin*
- **-ar-** (ensemble) — **arbo**, *un arbre* → **arbaro**, *une forêt*
- **-ebl-** (possibilité) — **manĝi**, *manger* → **manĝebla**, *mangeable*
- **-ec-** (qualité abstraite) — **bela**, *beau* → **beleco**, *la beauté*
- **-eg-** (augmentatif) — **domego**, *une grande maison, un palais*
- **-ej-** (lieu, local) — **koko**, *un coq* → **kokejo**, *un poulailler*
- **-em-** (tendance) — **kredi**, *croire* → **kredema**, *crédule*
- **-end-** (obligation) — **pagi**, *payer* → **pagenda**, *à payer, payant*
- **-er-** (élément) — **neĝo**, *de la neige* → **neĝero**, *un flocon*
- **-estr-** (chef) — **urbestro**, *un maire*
- **-et-** (diminutif) — **dometo**, *une maisonnette*
- **-id-** (descendant) — **kokido**, *un poussin*
- **-ig-** (faire faire) — **sidi**, *être assis* → **sidigi**, *faire asseoir*
- **-iĝ-** (devenir) — **sidiĝi**, *s'asseoir*
- **-il-** (outil) — **tranĉi**, *couper* → **tranĉilo**, *un couteau*
- **-in-** (sexe féminin) — **patro**, *un père* → **patrino**, *une mère*
- **-ind-** (digne de) — **ridi**, *rire* → **ridinda**, *risible, ridicule*
- **-ing-** (étui) — **kandelo**, *une bougie* → **kandelingo**, *un chandelier*
- **-ism-** (système) — **nacio**, *une nation* → **naciismo**, *le nationalisme*
- **-ist-** (profession) — **floro**, *une fleur* → **floristo**, *un fleuriste*
- **-uj-** (contenant) — **supo**, *une soupe* → **supujo**, *une soupière*
- **-ul-** (individu) — **juna**, *jeune* → **junulo**, *un jeune*
- **-um-** (action liée) — **akvo**, *de l'eau* → **akvumi**, *arroser*

La construction des mots

Les mots se forment en collant des terminaisons à un radical. On peut créer des mots avec des préfixes et des suffixes, ou en assemblant différents radicaux (avec le mot le plus important à la fin).

vapor-ŝip-et-o (vapeur-bateau-petit), *un petit bateau à vapeur*

Jeu royal de mémoire

Ce jeu de tuiles à découper permet de réviser, seul ou à plusieurs, les points principaux de la grammaire de l'espéranto.

-O *le roi*	nom **la reĝo**	**-A** *la couronne royale*	adjectif **la reĝa krono**
-E *vivre royalement*	adverbe **reĝe vivi**	**-I** *régner*	verbe à l'infinitif **reĝi**
-J *des rois*	pluriel **reĝoj**	**-N** *Ils aiment le roi.*	accusatif (COD) **Ili amas la reĝon.**
-AS *Je règne.*	présent **Mi reĝas.**	**-IS** *Elle a régné.*	passé **Ŝi reĝis.**
-OS *Tu régneras.*	futur **Vi reĝos.**	**-U** *Régnons !*	volitif (impératif) **Ni reĝu!**
ĈU *Est-ce qu'il est roi ?*	interrogation **Ĉu li estas reĝo?**	**-US** *Il régnerait s'il pouvait.*	conditionnel **Li reĝus se li povus.**
NE *Il n'est pas roi.*	négation **Li ne estas reĝo.**	**MAL-** *Le roi est petit.*	contraire **La reĝo estas malgranda.**
-IN- *la reine*	féminin **la reĝino**	**-ID-** *le prince*	descendant **la reĝido**
-ET- *un roitelet*	diminutif **reĝeto**	**-EG-** *un grand roi*	augmentatif **reĝego**

JEU ROYAL DE MÉMOIRE

Règles du jeu
Formez un carré avec les tuiles faces cachées. Retournez à tour de rôle deux tuiles. Si les deux tuiles correspondent à la même règle grammaticale, vous les gagnez et vous avez le droit de rejouer ; sinon vous les remettez à leur place face cachée et c'est au tour du joueur suivant. Le jeu s'arrête dès que toutes les tuiles ont été ramassées : celui qui a gagné le plus de tuiles est désigné « roi de l'espéranto ».

SOLUTIONS

1. Prononcer l'espéranto et se présenter

① a. suno b. glacio c. hajlo d. ĉielarko e. neĝoŝtormo f. pluvas

② a. [amèRiko] b. [afRiko] c. [èwRopo] d. [azio] e. [otsèanio]

③ a. – Saluton, Sinjorino Ŝanova. Kia ĝojo revidi vin! Ĉu vi fartas bone? b. – Jes, eĉ tre bone! Dankon, Sinjoro Arĉibaldo. Tamen ŝajnas al mi, ke vi forgesis ion. Sed kion? Ĉu vian ĵurnalon? c. – Ne mian ĵurnalon, sed mian ĉapelon forgesis mi. d. – Aĥ! Sed ankaŭ mi forgesis ĝin hejme! Kia ŝoko! e. – Ne gravas, vi retrovos ĝin. Ĝis baldaŭ!

④ a. ro, u, so, i, o b. ko, a, no, a, do, o c. mo, a, ro, o, ko, o d. a, lo, ĝo, e, ro, i, o e. ho, i, so, po, a, no, i, o

⑤ ORIGINALECO (forme : stelo, *étoile*)

⑥ a. [pol-lann-do] b. [sviss-lann-do] c. [finn-ni-o] d. [bèl-gui-o] e. [ou-sso-no] f. [aw-stRa-li-o]

⑦ a. 2 b. 3 c. 3 d. 2 e. 1 f. 3

⑧ a. 1 b. 2 c. 3 d. 2 e. 2 f. 3 g. 2

⑨ a. [sa-lou-tonn] b. [bo-nann a-pè-ti-tonn] c. [yè vi-a sa-no] d. [tchi-o ènn-oR-dass] e. [djiss Rè-vi-do] f. [djiss bal-daw] g. [a-di-aw]

⑩ a. bonvenon b. gratulon c. pardonu d. bonvolu e. bonan nokton

⑪ a. 5 b. 4 c. 1 d. 3 e. 2

⑫ a. saluton b. adiaŭ c. dankon d. bonvenon e. pardonu

2. Reconnaître les mots grâce à leur « carte d'identité »

① a. dormir ; manger ; obtenir ; raconter ; visiter. Les verbes (à l'infinitif) se terminent par un **-i**. b. autobus ; opinion ; théâtre ; téléphone ; viande. Les noms se terminent par un **-o**. c. facile ; fort(e) ; grand(e) ; rapide ; spécial(e). Les adjectifs se terminent par un **-a**.

② a. 3 b. 2 c. 1 d. 4 e. 1 f. 3

③ 1 : salto, ĉevalo, kamelo, porko. 2 : granda, bela, rapida, sovaĝa. 3 : salti, naĝi, kuri. 4 : rapide, danĝere.

④ **Classe grammaticale** : noms. **Traductions** : a. dent b. dentiste c. journal d. journaliste e. fleur f. fleuriste g. art h. artiste. **Signification du suffixe** : Le suffixe **-ist-** indique la profession.

⑤ a. un jardinier b. instruisto c. ĉevalisto d. un cycliste e. muzikisto f. un commerçant g. ŝtelisto

⑥ a. ĉevaloj b. grandaj fratoj c. inteligentaj ĝardenistoj d. blankaj kaj flavaj ovoj e. (prenu) librojn

⑦ a. des journaux b. de beaux œufs c. des abeilles jaune et noir d. Nous mangeons un œuf. e. Nous voyons des chevaux sauvages.

⑧ **Noms à entourer :** kamparo ; bestoj ; birdoj ; ĉielo ; fiŝoj ; rivero ; Bovoj ; ŝafoj ; kaproj ; herbon ; kampoj ; agrikulturisto ; bestojn ; porkino ; porkidoj ; kunikloj ; kokoj ; kato ; muson ; musoj ; fromaĝon.

⑨ a. la musique b. un jardin c. les journaux d. des cyclistes e. le cheval

⑩ la grand-mère : la avino ; la mère : la patrino ; l'oncle : la onklo ; les fils : la filoj ; les cousines : la kuzinoj

⑪ a. nepo (*un neveu*) : n'est pas précédé d'un article défini. b. la kuzinoj (*les cousines*) : n'est pas au singulier. c. la frato (*le frère*) : n'est pas de sexe féminin.

⑫ a. une louve b. ĉevalino c. koko, *un coq* d. une hase e. anserino f. une guenon g. aprino

⑬ a. 6 b. 2 c. 3 d. 1 e. 5 f. 7 g. 4

3. Pouvoir conjuguer tous les verbes

① a. Tu m'aimes (ou : vous m'aimez). b. Nous t'aimons (ou : nous vous aimons). c. Elle l'aime. d. Je m'aime. e. On l'aime.

② a. 4 b. 1 c. 3 d. 6 e. 2 f. 5

③ a. mon père b. ta (votre) belle-mère c. leur fille d. vos cousines e. notre grand-père f. son oncle g. ses fils h. ma nièce et la tienne (vôtre)

④ a. mia b. la mia c. via ; mia d. mia ; ŝia e. la mia ; ĝia f. la via g. la nia ; nia

⑤ a. Ĝi estas bona. b. Ni eliras. c. Ŝi parolas. d. Ili manĝas.

⑥ 1 d. 2 b. 3 c. 4 a.

⑦ a. sia b. lia c. sia d. sia e. ŝia f. sia ; ĝia

⑧ **atendi** : mi atendas, vi atendas, li/ŝi atendas, ni atendas, vi atendas, ili atendas. **diri** : mi diras, vi diras, oni diras, ni diras, vi diras, ili diras. **labori** : mi laboras, vi laboras, li/ŝi laboras, ni laboras, vi laboras, ili laboras. **paroli** : mi parolas, vi parolas, li/ŝi parolas, ni parolas, vi parolas, ili parolas. **plori** : mi ploras, vi ploras, ŝi ploras, ni ploras, vi ploras, ili ploras. **ridi** : mi ridas, vi

SOLUTIONS

ridas, li/ŝi ridas, ni ridas, vi ridas, ili ridas. **skribi** : mi skribas, vi skribas, li skribas, ni skribas, vi skribas, ili skribas. **trinki** : mi trinkas, vi trinkas, li/ŝi trinkas, ni trinkas, vi trinkas, ili trinkas. **vivi** : mi vivas, vi vivas, ĝi vivas, ni vivas, vi vivas, ili vivas. **vojaĝi** : mi vojaĝas, vi vojaĝas, li/ŝi vojaĝas, ni vojaĝas, vi vojaĝas, ili vojaĝas.

❾ **a.** Ni promenas. **b.** La katoj dormas. **c.** Ili vojaĝas. **d.** Vi venas. **e.** Mi estas forta. **f.** Ŝi komprenas.

❿ **a.** vi laboris **b.** oni vivos **c.** ni manĝos kukon **d.** mia frato venis **e.** li estos riĉa **f.** viaj nepoj ploris

⓫ **a.** Mi tuj ploros. **b.** Ŝia onklo ĵus venis. **c.** Vi ĵus manĝis. **d.** Li tuj skribos.

⓬ **a.** legas **b.** ridis **c.** desegnas **d.** ludis **e.** kuros

⓭ Mot caché : KONJUGACIO (conjugaison)

A	M	A	S	R	E	V	I	K	T
V	K	A	O	N	I	N	J	U	R
I	V	E	N	A	S	D	I	R	I
V	O	J	A	Ĝ	A	S	A	O	N
A	U	G	L	O	I	A	C	S	K
S	G	D	E	S	E	G	N	I	O
I	R	I	G	A	R	D	I	O	S
S	K	R	I	B	I	L	U	D	I

4. Conjuguer à tous les temps

❶ **a.** povus **b.** estus ; komprenus **c.** venus ; manĝus **d.** havus ; flugus **e.** estus ; laborus

❷ **a.** Se li volus, li krius. **b.** Ni dezirus manĝi kaj dormi. **c.** Se vi estus rapida, vi fuĝus. **d.** Se mi venus, ili tremus.

❸ **a.** Chantons ! **b.** Il faut que je coure vite… **c.** Viens (venez) ! **d.** Qu'il attende ! **e.** Ils (elles) souhaitent qu'elle voyage. **f.** L'enseignant ordonne que vous soyez rapides.

❹ **a.** mi rigardu, (il faut) que je regarde **b.** (vi) rigardu, regarde **c.** li (ŝi / ĝi / oni) rigardu, qu'il (elle/on) regarde **d.** ni rigardu, regardons **e.** (vi) rigardu, regardez **f.** ili rigardu, qu'ils (elles) regardent

❺ **a.** estus ; saltus **b.** koleris ; ploris **c.** kantos **d.** Fuĝu **e.** estas

❻ **a. Participes actifs** : parolinte, esperanto, rigardonta, kurante, ripozanta, prezidinto. **Participes passifs** : kaptita, farota, amato, konstruata.

b. Participes passés : parolinte, kaptita, prezidinto. **Participes présents** : esperanto, amato, kurante, ripozanta, konstruata. **Participes futurs** : farota, rigardonta. **c. Participes adjectifs** : kaptita, farota, rigardonta, ripozanta, konstruata. **Gérondifs (adverbes)** : parolinte, kurante. **Noms** : esperanto, amato, prezidinto.

❼ **a.** lerninta, ayant appris **b.** lernanta, apprenant / en train d'apprendre **c.** lernonta, sur le point d'apprendre **d.** lernita, appris / ayant été appris **e.** lernata, en train d'être appris **f.** lernota, sur le point d'être appris / à apprendre

❽ **a.** J'ai dormi. **b.** Tes (Vos) sœurs avaient pleuré. **c.** Si tu voulais (vous vouliez), le film serait à regarder. **d.** Elle sera en train de se reposer car elle aura travaillé. **e.** Les livres avaient été écrits.

❾ **a.** estis kaptinta **b.** estas aĉetonta **c.** estas konstruata **d.** estis trinkontaj **e.** estas rompita **f.** estis kaŝita **g.** estas laborinta **h.** estis kuranta(j) **i.** estos ludintaj

❿ **a.** La domo estas konstruata de la laboristo. **b.** Libro estas legata de mia fratino. **c.** La pordo estos fermita de la instruistino. **d.** Hieraŭ, fiŝoj estis kaptitaj de la fiŝkaptisto.

⓫ Se li kolerus, ŝi estus veninta kun sia fratino.

5. Indiquer l'objet de l'action grâce à l'accusatif

❶ manĝi – kapti – rigardi – legi – kanti – aŭskulti – trinki

❷ **a.** 2 **b.** 1 **c.** 1 **d.** 2 **e.** 1 **f.** 2 **g.** 1 **h.** 2

❸ **a.** 1 **b.** 2 **c.** 1 **d.** 1 **e.** 2 **f.** 2

❹ **a.** Kion ŝi adoras? la poezion **b.** Kion la leono manĝas? ĝirafon **c.** Kiun ni defendos? Bernardon **d.** Kiun miaj amikoj rigardas? min **e.** Kion la ĝardenisto vidas? belan blankan floron

❺ **a.** ĝin **b.** tablon **c.** la arbon **d.** problemojn **e.** miajn amikojn **f.** la tre grandan domon **g.** nigran kaj blankan zebron

❻ **a.** Mi ŝatas fromaĝon. **b.** Kokinoj ellasas ovojn. **c.** Via avino trinkas bonan teon. **d.** La policistoj kaptis min. **e.** Donu al mi la panon! **f.** Ni tuj kuiros freŝajn legomojn. **g.** La infanoj manĝis la fruktajn jogurtojn.

❼ **a.** Ni aŭskultas lin. **b.** Rigardu ŝin! **c.** Mia patro riparis ĝin. **d.** Ni helpu ilin! **e.** Li trinkos ĝin. **f.** Ili frapas nin. **g.** Vi invitu ilin!

SOLUTIONS

8 1. Ni manĝas legomojn. 2. Ni legomojn manĝas. 3. Legomojn ni manĝas. 4. Legomojn manĝas ni. 5. Manĝas ni legomojn. 6. Manĝas legomojn ni.

9 a. <u>La muson</u> manĝis la kato. Le chat a mangé la souris. (La souris, le chat l'a mangée.) b. Mi <u>kafon</u> dezirus. Je souhaiterais un café. (Moi, c'est un café que je souhaiterais.) c. <u>Vian supon</u> manĝu! Mange(z) ta (votre) soupe ! (Ta soupe, mange-la !) d. Ludas <u>piedpilkon</u> la infanoj. Les enfants jouent au football. (Ils jouent au foot, les enfants.) e. <u>Teon</u> kun lakto ŝi trinkas. Elle boit du thé avec du lait. (C'est du thé avec du lait qu'elle boit.) f. Ŝatas li <u>bonajn filmojn</u> kaj <u>belajn fotojn</u>. Il aime les bons films et les belles photos. (Ce qu'il aime, ce sont les bons films et les belles photos.)

10 persikoj ; pomoj ; fragoj ; vinberoj ; oranĝoj

11 a. Qu'écrivez-vous (qu'est-ce que tu écris) ? b. Personne ne regardera ces fruits. c. Nous comprenons tout. d. Cet homme, que tu vois (vous voyez), est mon père. e. Tout le monde connaît quelqu'un qui chante.

12 a. Kiu manĝis mian glaciaĵon? b. Tiu libro estas la mia. c. Ĉiu ĉevalo kuras. d. Li volas tion.

13

NI ↓						
SERĈAS	LA ↓	NI	SERĈAS	ELIREJON	LA	NI	SERĈAS
NI	ELIREJON ↓	LA	SERĈAS →	LA ↓	SERĈAS	ELIREJO	NI
LA	NI ↓	NI	NI ↑	ELIREJON	NI ↓	SERĈAS ↓	LA
NI	SERĈAS →	LA →	ELIREJON ↑	SERĈAS	ELIREJON ↓	← LA	ELIREJO
LA	ELIREJO	NI	SERĈAS	SERĈAS ↓	← NI	LA	SERĈAS
SERĈAS	NI	SERĈAS	ELIREJON ↓	← LA	NI →	SERĈAS ↓	
ELIREJO	LA	NI	SERĈAS →	LA →	ELIREJON ↑	LA ↓	
					ELIREJON. ↓		

6. Utiliser l'accusatif en d'autres circonstances

1 a. Bonvenon! *Bienvenue !* b. Feliĉan naskiĝtagon! *Joyeux anniversaire !* c. Feliĉan Kristnaskon! *Joyeux Noël !* d. Feliĉan novjaron! *Bonne année !*

2 a. 2. b. 1. c. 1. d. 2. e. 2.

3 a. La gastoj iras en la manĝejon. b. La laboristo iras en la laborejon. c. La klientoj iras en la vendejon. d. La ministro iras en la ministrejon. e. La abelo(j) iras en la abelejon. f. La ŝafo(j) iras en la ŝafejon.

4 Ludoviko, iru dekstren, kaj poste maldekstren. Turnu tuj maldekstren. Poste, turnu maldekstren, dekstren kaj dekstren. Fine, iru dekstren kaj maldekstren, kaj vi trovos viajn okulvitrojn.

5 a. ie b. kien c. ĉien. d. Kie e. hejme f. nenien g. tie h. koverton i. Nov-Jorko j. Berlino k. Moskvon

6 a. La virino iras en la parkon. b. La viroj iras en la restoracion. c. La hundo iras en la domon. d. La instruisto iras en la lernejon.

7 a. <u>sep jarojn</u>, *sept ans* b. <u>Ĉiun matenon</u>, *chaque matin* c. <u>tiun semajnon</u>, *cette semaine* d. <u>dimanĉon la trian de oktobro</u>, *le dimanche 3 octobre* e. <u>unu monaton</u>, *un mois* f. <u>tri longajn monatojn</u>, *trois longs mois*

8 a. Li kantos venontan semajnon. b. Ŝi venis pasintan jaron. c. La kato kuras ĉiun nokton. d. Restu du minutojn!

9 a. semajno b. jaro c. monato d. minuto e. tago f. horo

10 a. eŭrojn b. metrojn c. kilogramojn d. metrojn e. kelkajn kilometrojn f. metron

11 Mi estas la Eiffel-Turo (la tour Eiffel).

12 a. Mi veturas Londonon. b. Zorgu viajn aferojn! c. La esploristo vojaĝis unu monaton. d. La strato estas mil metrojn longa.

7. Former la négation

1 a. Mi ne kuras. b. Paŭlo ne vojaĝis pasintan monaton. c. Ne manĝu rapide! d. La ŝtelisto ne estis kaptita de la polico.

2 a. La simio ne saltos sur la arbon. b. Ne lia fratino manĝis la kukon. c. Ne mi kulpas. d. Hundoj ne ŝatas katojn. e. Ili kaptis ne la bonan ŝteliston. f. Ne pasintan semajnon vi venis.

3 a. le train b. la homo c. la ŝtuparo d. la chevelure e. la vortaro f. la touche

4 a. Nous ne nagerons pas dans la rivière. b. Ce n'est pas dans un village qu'elle habite. c. Là-bas, ce n'est pas la jungle. d. Ce n'est pas toi (vous) qui iras (irez) à la montagne. e. Je n'ai pas trouvé ce mot dans le dictionnaire. f. Ce n'est pas elle qu'il aime.

5 a. Mi loĝas nek en urbo nek en kamparo. b. Nek mia patro nek mia onklo venos. c. Ne bovaron li vidis. d. Mia kato ne ŝatas hundojn, nek musojn.

6 a. Neniun b. neniam c. Nenio d. Nenial e. nenies f. nenian

SOLUTIONS

7 a. Neniu b. ne c. neniam d. nenie e. Nek ; nek

8 a. incroyable b. haïr, détester c. la méfiance d. une erreur de calcul e. en bas f. maltraiter g. pas longtemps h. mauvais, méchant i. un faux pas j. gêner, déranger

9 a. nefari b. misfari c. malfari d. neutila e. malutila f. malgranda g. maljuna h. nelegebla i. miskompreno j. malvarma k. misuzi l. la malespero

8. Poser des questions

1 a. Ĉu vi spektas filmon? b. Ĉu la hundino nutras siajn bebojn? c. Ĉu via teo estis malvarma? d. Ĉu sunos venontan semajnon?

2 a. Ĉu ŝi venos? b. Ĉu la kafo estas varma? c. Ĉu Leo estas via amiko? d. Ĉu vi aŭdas min? e. Ĉu tiu floro havas bonan odoron? f. Ĉu la muziko estas laŭta?

3 a. Jes, Flora ŝatas muzikon. b. Ne, ili gustumis ne la pomojn, sed la pirojn. c. Jes, mia glaciaĵo estas malvarma. d. Ne, tiu supo ne estas bongusta, sed malbongusta.

4 a. Qui est l'homme qui est venu hier ? b. Qu'est-ce qu'ils mangent ? c. Quel goût tu préfères pour ta glace ? d. Où est le mont Fuji ? e. Comment viendra-t-elle à l'école ? f. Pourquoi touches-tu cela ? g. Combien coûtent les oranges ? h. De qui es-tu le fils ?

5 a. 3 b. 5 c. 1 d. 6 e. 4 f. 2

6 a. Kiam vi laboris? b. Kial li ne dancas? c. Ĉu tiu domo estas nova? d. Kia estas la floro? e. Kie vi promenas?

7 a. haroj b. okulo c. buŝo d. ŝultro e. fingro f. ventro g. piedo h. nazo i. orelo j. kolo k. brako l. mano m. kruro

8 a. Oni vidas per la okuloj. b. Oni aŭdas per la oreloj. c. Oni flaras per la nazo. d. Oni gustumas per la lango.

9 a. Ŝi demandas, kiun vi amas. b. Mi volas scii, ĉu vi amas min. c. Ili demandis, kial oni vivas. d. Ni ne scias, kie estis nia amiko. e. La instruisto demandas, kiom estas 1+1. f. Tiu demandas al ni, ĉu ni dancos.

10 a. Kiam b. kie c. ĉu d. Kion e. ĉu f. kiel

11 a. kie b. kion c. kiu d. kiun e. kies f. kiu

12 a. 2 b. 5 c. 4 d. 1 e. 6 f. 3

13 f – c – a – i – e – h – b – d – g

9. Compter jusqu'à l'infini

1 a. unu ŝafo b. kvar ŝafoj c. sep ŝafoj d. dek tri ŝafoj e. dudek kvin ŝafoj

2 a. 86 b. 144 c. 3 201 d. 562

3 c. 8 000 > f. 347 > a. 95 > e. 20 > d. 12 > b. 0

4

dek	tridek ok	tridek ses	dek ses
tridek du	dudek	dudek du	dudek ses
dudek kvar	dudek ok	tridek	dek ok
tridek kvar	dek kvar	dek du	kvardek

5 a. Unu pomo kostas unu eŭron. b. Du ananasoj kostas kvar eŭrojn. c. La libro kostas dekkvar eŭrojn. d. Tiu domo kostas ducent tridek kvin mil kvincent eŭrojn.

6 a. Mi havas tricent kvindek amikojn en Facebook (Vizaĝlibro). b. Ĉu vi havas tiom da amikoj? c. Kiom da jaroj vi havas? d. Ni vivis tie ses jarojn. e. Mia patro legis cent dudek ok librojn. f. La akvo estas iom malvarma.

7 a. Alberto estis la unua. b. Enzo estis la dua. c. Johano estis la tria. d. Bernardo estis la kvara.

8 a. Ils seront les premiers. b. Jean-Paul II était un pape du xxe siècle. c. Les enfants mangent deux yaourts chacun. d. Avec mon trio, nous jouons des dizaines de musiques. e. Avec un peu de chance, tu recevras (vous recevrez) le double. f. Sept fois quatre égale vingt-huit (7 × 4 = 28). g. Tu as lu (vous avez lu) les deux tiers du livre. h. D'abord, étudions la Révolution française de 1789.

9 a. Un jour mon prince viendra… b. Dis, quand reviendras-tu ? c. Alors on danse ! d. [Nous sommes] sapés comme jamais [auparavant]. e. [Tu dis] encore des mots, toujours des mots, les mêmes mots… f. Jamais on n'a vu, jamais on ne verra la famille Tortue courir après les rats.

10 a. Tio estas dum vintro. b. Tio estas dum somero. c. Tio estas dum aŭtuno. d. Tio estas dum printempo.

SOLUTIONS

11 **a.** la oka **b.** Oni tagmanĝas je la dedua kaj duono (tridek minutoj post tagmezo). **c.** Oni vespermanĝas je la deknaŭa kaj dekkvin (kvarono post la sepa). **d.** Oni dormas je la dudektria kaj kvindek kvin (kvin minutoj antaŭ noktomezo).

12 **a.** Kiam vivis François la unua (Francisko la I-a)? **b.** Ŝi ĉiam trinkas duoblan kafon. **c.** Unue, (vi) rigardu la centojn! **d.** Li neniam estis la tria. **e.** Morgaŭ estos la dek kvara (14-a) de januaro. **f.** Mi venis je la deka kaj dekkvin (kvarono post la deka).

13 Fête cachée : SANKT SILVESTRO (Saint-Sylvestre du 31 décembre)

S	M	A	L	M	O	T	A	B	A	S
J	A	N	U	A	R	O	J	A	M	E
N	R	K	N	R	B	Ĉ	N	Ŭ	F	F
V	T	J	D	D	O	N	O	G	E	T
E	O	A	O	O	T	A	V	U	B	E
N	I	Ŭ	P	T	K	M	E	S	R	M
D	L	D	S	R	O	I	M	T	U	B
E	U	O	I	L	I	D	B	O	A	R
R	J	U	N	I	O	L	R	V	R	O
J	O	D	E	C	E	M	B	R	O	E	O	S
O	D	E	R	K	R	E	M	O	T	R	O

10. Décrire et comparer avec les adjectifs

1 Tiu (viro) ; granda (viro) ; mia (amiko) ; simpatia (Li) ; malgrandajn (filinojn) ; Liaj (filinoj) ; belaj (filinoj) ; afablaj (filinoj) ; similaj (ili) ; unua (filino) ; blonda (filino) ; dua (filino) ; bruna (filino) ; Tiu (familio) ; amuzan (hundon) ; Ĝia (nomo)

2 **a.** fieraj ; nian ; novan **b.** belan ; Nia ; grandajn **c.** niaj ; grandaj ; malhelaj **d.** feliĉaj ; tiu ; agrabla

3 sekajn vinberojn (mi manĝis) ; dikan libron (mi legis) ; malmolaj ŝtonoj (estis sur la grundo) ; stulta ideo (alvenis al mia kapo)

4 **a.** stultulo **b.** avarulo **c.** perfektulino **d.** maldikulino **e.** honestulo **f.** saĝularo

5 **a.** blua **b.** nigra **c.** ruĝa **d.** flava **e.** blanka **f.** verda

6 **a.** oranĝa **b.** La pomo estas verda. **c.** La lakto estas blanka. **d.** La robo estas blua. **e.** La ĉevalo estas nigra. **f.** La floro estas ruĝa.

7 **a.** ia **b.** nenian **c.** Kia **d.** ĉiaj **e.** tiajn

8 **a.** La stelo estas verda. **b.** La malgranda cirklo estas roza. **c.** La kvardrato estas griza. **d.** La granda cirklo estas flava. **e.** La triangulo estas viola.

9 **a.** pli bona ol **b.** la malplej inteligenta el **c.** tiel ĝentila kiel **d.** la plej avara el

10 **a.** Belgio estas malpli granda ol Rusio. **b.** La Eiffel-turo estas pli malalta ol la Blanka Monto. **c.** Romulo estas tiom (tiel) aĝa kiom (kiel) sia ĝemela frato Remo. **d.** Viro estas malpli rapida ol ĉevalo.

11 **a.** Les fleurs dansaient, comme (si elles étaient) vivantes. **b.** Elle m'aime de plus en plus. **c.** Dessine le plus beau mouton possible ! **d.** Un tel chien (cette sorte de chien) est plus ou moins rapide. **e.** Plus il travaille, plus il est heureux.

12 **a.** la francan ; la hispanan ; legas ; la anglan
b. la anglan ; skribas ; legas ; Esperanton
c. la hispanan ; la portugalan ; legas ; la italan

11. Indiquer les circonstances avec les adverbes

1 **a.** normalement **b.** vite (rapidement) **c.** en automobile (voiture) **d.** à la manière d'une vache (et non « vachement ») **e.** oralement (à l'oral) **f.** de façon féminine

2 **a.** fiere **b.** saĝe **c.** stulte **d.** perfekte **e.** malafable **f.** trankvile

3 **a.** La viro hejmen iras. **b.** La ruĝa aŭto urben veturas. **c.** La lupo arbaren rigardas. **d.** La birdo ĉielen flugas.

4 **a.** Mia onklo honeste laboras. **b.** Ŝi roze vidis la vivon. **c.** Ni dimanĉe promenas. **d.** Vi ĉielen rigardos. **e.** Ŝteli est malbone!

5 **a.** iel **b.** ĉie – nenie **c.** kiel – ĉiam **d.** terure **e.** tien – tiel **f.** malrapide

6 **a.** La maljuna virino ŝipe vojaĝas. **b.** La infano bicikle vojaĝas. **c.** La junulino aŭtobuse vojaĝas. **d.** La esploristo aviadile vojaĝas.

7 La esploristo Japanien vojaĝas.

A	V	I	A	D	I	L	E	Ĝ	Z	N	E
B	F	J	Ŭ	Z	C	G	Ŭ	Ŝ	I	P	E
C	P	K	T	R	A	M	E	Ŝ	Ĉ	Ĉ	E
Ĉ	I	Ĥ	O	A	H	O	N	K	A	T	E
D	E	L	B	B	I	T	J	Ĵ	Ĥ	G	E
B	D	M	U	H	B	O	A	T	E	V	E
I	E	J	Ŝ	Ĉ	J	R	N	R	V	H	E
C	G	N	E	D	K	C	P	A	Ŭ	T	E
I	Ĝ	O	Ŭ	F	L	I	R	J	Ŝ	J	E
K	F	I	Ŝ	O	Z	K	S	N	R	R	E
L	R	P	T	V	M	L	Ŝ	E	Z	M	E
O	M	U	S	O	Ŝ	E	T	Z	Ŭ	S	E

SOLUTIONS

8 a. Mi kalkulis per kalkulilo. b. Ni manĝos per manĝilo. c. Ŝi tranĉis la panon per tranĉilo. d. Oni abonas la ĵurnalon per abonilo. e. La doktoro kuracas per kuracilo(j).

9 Manĝiloj : kulero, forko, telero, glaso, tranĉilo, bovlo ; **Veturiloj** : aŭto, aviadilo, biciklo, trajno, ŝipo ; **Skriboloj** : krajono, fontoplumo, globkrajono

10 Hieraŭ ; eksteren ; multe ; Ĉie ; tute ; tre ; bele ; tiam ; ĵetante ; konstruante ; (Kiam) ; sufiĉe ; ĝoje ; hejmen ; kiel ; nun ; malfeliĉe ; nur ; iom ; tie ; (kie)

11 Lieu : eksteren, Ĉie, hejmen, tie, (kie) ;
Temps : Hieraŭ, tiam, (Kiam), nun ; **Manière** : bele, ĵetante, konstruante, ĝoje, kiel, malfeliĉe ;
Quantité : multe, tute, tre, sufiĉe, nur, iom

12 a. jam b. tro c. Jen d. neniel e. ankaŭ ; trajne

12. Construire les mots comme du Lego®

1 a. demando ; *une question* b. demanda ; *interrogatif* c. demande ; *interrogativement* d. demandi ; *demander*

2 a. la rapida ĉevalo b. rapide paroli c. belaj paroloj d. parola ekzerco e. vera problemo f. la bela vero g. vere feliĉa

3 a. akva b. patrini c. la fiero d. taga e. printempa f. lude g. krokodili

4 a. sovaĝbesto b. skrib(o)tablo c. okulvitroj d. piediri e. submarŝipo f. kapjesi

5 a. terpomo ; *une pomme de terre* b. fervojo ; *un chemin de fer* c. ĉielarko ; *un arc-en-ciel* d. leterkesto ; *une boîte aux lettres* e. sunhorloĝo ; *un cadran solaire* f. matenmanĝo ; *un petit déjeuner* g. mansako ; *un sac à main*

6 terpomsako

7 a. GEPATROJ b. EKRIDI c. BOFILINO d. PRAARBARO e. EKSEDZINO f. REVIDI g. FIHUNDO h. DISDONI

8 a. une Européenne b. un compatriote (qui habite le même pays) c. une personne qui partage la même idée d. un membre du conseil de direction (ou d'administration) e. un éleveur de chiots f. la maire de Paris g. la fille du maire

9 a. 7 b. 6 c. 2 d. 1 e. 4 f. 5 g. 3

10 a. 4 b. 5 c. 1 d. 6 e. 2 f. 3

11 a. pluvetas b. pluvegas c. domego d. dometo e. domaĉo

12 pano (un pain), pana (composé de pain) ; pane (à la façon d'un pain) ; pani (être du pain) ; panumi (paner) ; pantranĉo (une tranche de pain) ; pantranĉeto (une petite tranche de pain) ; pantranĉilo (un couteau à pain) ; rostpano (du pain grillé) ; panrosti (griller du pain) ; panrostilo (un grille-pain) ; panmolo (de la mie de pain) ; molpano (un pain mou) ; malmolpano (un pain dur) ; panaĉo (un pain dégueulasse) ; paneto (un petit pain) ; panego (un gros pain) ; panejo (une boulangerie) ; panejaĉo (une mauvaise boulangerie) ; panero (une miette de pain) ; panisto (un boulanger) ; panistino (une boulangère) ; panistineto (une petite boulangère) ; panistido (le fils du boulanger) ; panistidino (la fille du boulanger) ; panujo (la huche à pain) ; etc.

13. Relier les mots et les phrases à l'aide des prépositions et des conjonctions

1 a. La ĉapelo estas super la kapo. b. La motorciklo estas inter la aŭtobuso kaj la tramo. c. La telereto estas sub la taso. d. La rano saltas sur la floron.

2 a. kun b. antaŭ c. malantaŭ d. sur e. al f. por g. en

3 a. dum b. laŭ c. de ; ĝis d. de ; pri e. apud ; anstataŭ

4 LAMPO / LITO / FENESTRO / KURTENOJ / PORDO. Mot caché : **LIFTO** (ascenseur)

5 a. La dentobroso kaj la duŝejo estas en la banĉambro. b. La kaserolo kaj la teleroj estas en la kuirejo. c. La fotelo kaj la kanapo estas en la salono.

6 a. sed b. aŭ ; aŭ c. kvankam d. kaj e. ke f. se g. ĉu

7 a. Mi ne laboros morgaŭ ĉar mi estas malsana. b. Li devas labori, kvankam (sed) li ne volas. c. Pluvegas hodiaŭ, do ili restas hejme (Ili restas hejme ĉar pluvegas hodiaŭ). d. Telefonu min, kiam vi revenos de Brazilo!

8 a. Mi plezure manĝas bonan pomon. b. La policisto demandas, kial ni venas. c. La malgranda birdo trinkas puran akvon. d. Ŝi ne ŝatas sian eksedzon, tial ŝi ne parolas al li. e. Via frato estas forta viro.

9 a. tago b. fenestroj c. manĝi d. akvon e. ĉu pluvos f. lernejo g. karajn

10 a. Aj! b. Ŝŝ! c. Ve! d. Halt! e. Ek!

SOLUTIONS

14. Faire le point sur les « 45 mots logiques »

1 Voir le tableau du résumé grammatical dans les annexes p. 116.

2 a. Donne-moi n'importe quoi ! **b.** D'une certaine manière, c'est ta (votre) faute. **c.** Cet enfant dort n'importe quand et n'importe où ! **d.** Nous avons besoin d'un peu de temps… **e.** Cela pourrait être le sac de n'importe qui.

3 a. 4 **b.** 7 **c.** 1 **d.** 3 **e.** 5 **f.** 9 **g.** 8 **h.** 6 **i.** 2

4 a. 4 **b.** 6 **c.** 1 **d.** 3 **e.** 7 **f.** 2 **g.** 5

5 a. Dis (Dites) toujours la vérité ! **b.** L'écologie est le problème de tous. **c.** Ils (Elles) voyaient du (le) malheur partout. **d.** Nous vendons toutes sortes de chaussettes. **e.** Tous ces livres sont les miens.

6 a. Neniu venis. **b.** Mia avino nenion (neniom) vidas. **c.** Ŝi neniam revenos. **d.** Neniel mi farus tiun laboron.

7 a. kiu **b.** neniun **c.** iuj **d.** tiun **e.** Ĉiuj

8
nenio	nenio	nenio	ĉio	nenio	nenio	nenio
nenio	nenio	ĉio	kio	ĉio	nenio	nenio
nenio	ĉio	kio	tio	kio	ĉio	nenio
ĉio	kio	tio	io	tio	kio	ĉio
kio	tio	io	nenio	io	tio	kio
tio	io	nenio	nenio	nenio	io	tio

9 a. Kia bela viro (homo)! **b.** Ni estis en ia dometo (malgranda domo). **c.** Nie faru tiajn vojaĝojn! **d.** Mi vidis nenian floron en tiu ĝardeno.

10 a. Mi estas ĉi tie (tie ĉi). **b.** Mi iros nenien! **c.** Rigardu la domon, kie vivis viaj geavoj ! **d.** Artisto laboras ie ajn. **e.** Lia hundo iras ĉien, kien li iras.

11 a. Li estas ĉies amiko. **b.** Mi aŭskultos nenies opinion. **c.** Ties hundo estas danĝera. **d.** Tiu knabino, kies gepatroj estas rusaj, loĝas en nia urbo.

12 a. Iam **b.** Kiom **c.** Kial **d.** tiel **e.** ĉiam **f.** iomete

13
io	iel	iam	kies	kiom	kie	tial	tia	tiu
ia	ies	ial	kio	kiu	kiel	tiom	tie	tiam
ie	iu	iom	kial	kia	kiam	tio	ties	tiel
ties	tial	tie	ia	iam	iu	ĉiel	ĉio	ĉiom
tiom	tia	tiu	iel	io	ial	ĉie	ĉiam	ĉies
tiel	tiam	tio	iom	ie	ies	ĉiu	ĉial	ĉia
ĉiam	ĉio	ĉies	neniu	nenial	neniom	kia	kiel	kie
ĉial	ĉiom	ĉiel	nenie	nenies	nenia	kiam	kiu	kio
ĉiu	ĉie	ĉia	neniam	neniel	nenio	kies	kiom	kial

127

TABLEAU D'AUTOÉVALUATION

Bravo, vous êtes venu(e) à bout de ce cahier ! Il est temps à présent de faire le point sur vos compétences et de comptabiliser les icônes afin de procéder à l'évaluation finale. Reportez le sous-total de chaque chapitre dans les cases ci-dessous puis additionnez-les afin d'obtenir le nombre final d'icônes dans chaque couleur. Enfin, découvrez vos résultats !

1. Prononcer l'espéranto et se présenter
2. Reconnaître les mots grâce à leur « carte d'identité »
3. Pouvoir conjuguer tous les verbes
4. Conjuguer à tous les temps
5. Indiquer l'objet de l'action grâce à l'accusatif
6. Utiliser l'accusatif en d'autres circonstances
7. Former la négation
8. Poser des questions
9. Compter jusqu'à l'infini
10. Décrire et comparer avec les adjectifs
11. Indiquer les circonstances avec les adverbes
12. Construire les mots comme du Lego®
13. Relier les mots et les phrases à l'aide des prépositions et des conjonctions
14. Faire le point sur les « 45 mots logiques »

Total, tous chapitres confondus ....

Vous avez obtenu une majorité de...

Bonege!
Très bien !
Vous maîtrisez maintenant les bases de l'espéranto et vous pouvez échanger avec des espérantophones du monde entier !

Bonete!
Pas mal !
Mais vous pouvez encore progresser... Refaites les exercices qui vous ont donné du fil à retordre en jetant un coup d'œil aux leçons !

Kuraĝon!
Courage !
Vous êtes un peu rouillé(e)... Reprenez l'ensemble de l'ouvrage en relisant bien les leçons avant de refaire les exercices.

Crédits iconographiques : Shutterstock.

Mise en pages : Élodie Bourgeois pour Lunedit
Réalisation : lunedit.com
© 2021 Assimil
Dépôt légal : août 2021
N° d'édition : 4066

ISBN : 978-2-7005-0902-1
www.assimil.com
Imprimé en Roumanie